“庆祝中国共产党成立 100 周年”主题出版专项资助项目

红色引擎

——党旗下的汽车强国梦

叶建恩　编著

武汉理工大学出版社

内容提要

《红色引擎——党旗下的汽车强国梦》以时间为脉络，以各个五年规划（计划）为节点，总结和阐述了我国在各个历史时期汽车工业的发展重心和主要成果，清晰地呈现了党的重大决策对我国汽车工业发展的重要作用。本书的内容以成果展示为主，通过讲述各个历史时期的成就，聚焦党旗下中国汽车工业的逐梦故事，歌颂了中国共产党通过发展我国汽车工业，实现国力强盛、人民幸福的丰功伟绩。

图书在版编目（CIP）数据

红色引擎：党旗下的汽车强国梦 / 叶建恩编著. —武汉：武汉理工大学出版社，2021.12

ISBN 978-7-5629-6544-2

Ⅰ.①红… Ⅱ.①叶… Ⅲ.①汽车工业—工业发展—研究—中国 Ⅳ.①F426.471

中国版本图书馆 CIP 数据核字(2021)第 279959 号

项目负责人：王兆国　　**责任编辑**：王兆国
责 任 校 对：陈海军　　**排　　版**：博壹臻远
出 版 发 行：武汉理工大学出版社
网　　址：http://www.wutp.com.cn
地　　址：武汉市洪山区珞狮路 122 号
邮　　编：430070
印　刷　者：武汉市金港彩印有限公司
发　行　者：各地新华书店
开　　本：710mm×1000mm　1/16
印　　张：15.5
字　　数：223 千字
版　　次：2021 年 12 月第 1 版
印　　次：2021 年 12 月第 1 次印刷
定　　价：88.00 元

前 言

党的十九届六中全会通过的《中共中央关于党的百年奋斗重大成就和历史经验的决议》指出：一百年来，党领导人民浴血奋战、百折不挠，创造了新民主主义革命的伟大成就；自力更生、发愤图强，创造了社会主义革命和建设的伟大成就；解放思想、锐意进取，创造了改革开放和社会主义现代化建设的伟大成就；自信自强、守正创新，创造了新时代中国特色社会主义的伟大成就。

我国的汽车工业在各个历史时期，特别是在新中国成立之后取得的成就正是这些伟大成就的具体体现。党的十八大以来，习近平总书记提出并深刻阐释了实现中华民族伟大复兴的中国梦。在汽车领域，中国梦的具体体现就是通过发展汽车工业实现汽车强国梦。当然，发展汽车工业本就是我国长久以来矢志不渝的梦想，只不过这个梦想在不同的历史时期拥有不同的内涵和重心。我国汽车工业的发展历程告诉我们，正是有了中国共产党的领导这一“红色引擎”，我国的汽车工业才能只用短短七十年的时间实现从无到有、从小到大的发展历程，如今正在从大到强的逐梦道路上努力奔驰。

本书通过三类对比，充分诠释了“红色引擎”在我国汽车工业发展中发挥的重要乃至决定性作用。

一、今昔对比。本书中有大量的数据信息和史料，直观展现了我国汽车工业的发展状况。新中国成立前后的数据对比，反映了党的引领给我国社会发展带来的质的改变；每个“五年规划（计划）”首尾的数据对比，强调了这一时期汽车工业的发展重点；1955 年（一汽正式投产的年份）和 2020 年的数据对比，突出了我国汽车工业翻天覆地的变化……在时间的流动中看我国汽车工业的发展，了解各时期的发展节奏，才能全面了解党的引领在汽车工业发展中起到的重要作用。

二、对应对比。将党和国家重要会议、决策与我国对应时期汽车工业的发展状况做对比，深入分析会议、决策的核心，通过对应关联对比，反映党的领导这一红色引擎在驱动汽车工业发展中的持续性和重要性。

三、中外对比。对中国来说，汽车属于舶来品，汽车工业也属于舶来品。与中国有类似背景的还有日本等国家。通过中外对比，可以帮助读者更加清晰地了解我国汽车工业发展的特殊背景和意义，进一步突显党的领导对汽车工业发展的决定性作用。

除此之外，本书的内容还有以下三大特点：

一是参考史料丰富、翔实。本书参考了大量历史专著、厂志、年鉴、报纸等资料，内容丰富。其中，人民交通出版社于 1958 年出版的《我们是怎样制造汽车的》一书中，有大量各地汽车工业启蒙阶段的细节，为这一时期的内容提供了重要的参考。笔者拿到的这本书早已破损严重，图片也已经十分模糊。笔者特意整理了书中的文字做成了图表，并收录了原书中的部分影印图，希望在岁月的冲刷中能留住这些宝贵的资料。

二是数据完整，参考性强。本书收录了大量与我国汽车工业发展有关的数据，主要来源于年鉴、公报、厂志等，权威性相对较高。其中包含笔者自行整理的我国 1955—2020 年的汽车产量数据，对我国的汽车历史研究具有重要参考意义。为了让数据更好地辅助内容，本书以数据为基础，制作了大量的数据图表，实现了让数据说话。

三是读史明智，鉴往知来。《红色引擎——党旗下的汽车强国梦》是这样一本帮助我们明理明智的读物。读完，我们自然应当明白，我国汽车工业的发展不是某个人的事业，而是整个中华民族的事业；也应当明白，发展我国汽车工业的梦想，就是中华民族伟大复兴的中国梦的具体体现；更应当坚信，中国人的汽车强国梦在中国共产党这一红色引擎的驱动下必将成为现实。

最后，恳切期望广大读者对书中误漏之处，予以批评指正。

编著者

2021年11月

目 录

第一篇

汽车梦

1　人类的汽车梦

什么是汽车梦？

我们极少去思考这个问题，就像我们极少去思考“什么是汽车”一样。“汽车梦”和“汽车”一道，早已融入了我们的生活，就像空气和水一样，已经让我们习以为常。如果非要深究这个问题，倒像是在探讨一个复杂的哲学问题，一时间难以用科学严谨的语言来回答。

汽车梦，直译成英文就是 automobile dream 或者 dream of automobile，换个复杂的说法，可以是“和汽车有关的梦想”。

这倒是可以回答开篇的问题了。不过，我们不妨尝试把这个问题再回答得复杂些，力求更贴切、更直观、更生动。

当人类第一次在重物下放置圆木作为运输工具时，汽车梦就开始萌芽了。圆木的滚动性让人类认识到了圆形物体带来的便利，并且开始尝试其更加广泛的利用方式。粗略算下来，这已经是距今六千多年的事了。为了更好地利用圆形物体的滚动性帮助生产和生活，人类依靠智慧制造出了真正意义上的轮子。

车作为最伟大的发明之一，在四千多年前诞生。车的诞生，让汽车梦有了雏形。

农耕文明里的车约等于现代文明里所有陆地上的交通工具。畜力车是 20 世纪以前人类文明中最重要的交通工具，尤其是马车。

从简易的两轮马车，到相对复杂的四轮马车，再到设计精美的豪华马车，马车成为文明的注脚。随着新材料的发现和技术的革新，马车的结构不断被优化，其性能也变得越发优异，马车逐渐从工具变成了身份的象征。

不论是奴隶社会，还是封建社会，礼制治国都是古代中国尤为看重的手段。自从有了马车，车马制度就成为礼制治国的重要内容。据古籍记载，夏王朝时期，中国就已经有了车马制度，由当时的车正奚仲①主导制定。时至西周，车马制度趋于成熟，被明确记载于《周礼》之中。自西周开始，这一制度在中国古代社会延续了三千多年。

我们最熟悉的"天子驾六"就是车马制度中的重要内容。《逸礼·王度记》记载："天子驾六，诸侯驾五，卿驾四，大夫三，士二，庶人一。"显然，马车的马匹越多，主人的身份就越高贵。后世中，相关规则略有改动，但大抵还是以此为准。

一幅汉画像砖的拓片②

图中的马车是三驾，为东汉时士大夫阶层所用；车中居右者为御者，左为吏人，三马是身份的象征

西方文明中的马车也有着与我国古代相似的作用。英国皇室至今仍然会在重要场合使用马车，比如国事访问、皇室婚礼或者议会的开幕典礼等。英

① 东汉文字学家许慎的《说文解字》有记载："车，舆轮之总名。夏后时奚仲所造。象形。"夏后，亦称"夏后氏"，是大禹创建的国号"夏"之别称。车正是夏代掌管车的官职。

② 图片源于河南科技大学2019年举办的"汉画像砖石艺术精品拓片展"。

国的皇家马车中，最有名的一辆是造于1762年的“黄金马车”，该马车由镀金的木头制成，重达4 t，造价高达8000英镑。从乔治四世开始至今的二百多年里，所有的英国国王都是乘坐这驾马车去参加加冕仪式的。

马车在交通中的应用，无疑减轻了人类远行的负担。无论去哪里，马车都是重要的代步工具。多数马车都是私有财产，而且具有一定的身份象征，因此，使用马车的门槛还是比较高的。到了17世纪，欧洲出现了公共马车[1]，和现在的公交车十分相似，这自然使陆地旅行变得更加繁荣起来。

双层公共马车

马车的另一大用途就是作战。和现今的各类作战车一样，马车是军事力量的有机组成，也是国力强弱的重要标志。

除了马车之外，其他类型的车作为运输工具，也极大地提高了劳动效率，加速了人类文明的进步。像独轮车、木板车一类的简易工具，结构轻巧，原理

① 法国哲学家布莱兹·帕斯卡(Blaise Pascal)提出用公共马车来解决贵族出行时没有马车的问题，并提交了公共马车(Carriage)在固定线路按时刻表运营的申请，这一方案获得国王路易十四的特许。他在1662年1月19日签署巴黎市政会准许建立新服务的专利特许证时，特许合伙公司在从卢森堡宫出发的5条线路上运营马车服务，用2匹马牵引的大型马车在街道上每天按时刻表运行。

简单，即便是进入了21世纪，仍然在被广泛使用。无疑，车让人类的生活变得更加便捷和美好了。

对地位的追求，对远方的好奇，对国家强大的执着，对富足生活的向往……车承载了人类太多的梦想。当这些梦想延续和汇集到汽车时代时，汽车梦便由此应运而生。

现在看来，汽车的诞生是人类文明发展的必然。马车是最好的畜力车，正常速度在20～30 km/h，最高速度可达60 km/h，一天大概能行驶200 km。随着社会发展，人们对车的需求越来越大，要求也越来越高，传统畜力车逐渐被“压榨”到了极限，人类迫切地需要一种可以替代畜力车的交通工具。速度要更快，续航要更远，载重要更大，乘坐要更舒适，外观要更精美……需求越是丰富，汽车的轮廓就越是清晰——汽车成了必然的选择。

可以说人类创造汽车的过程就是对汽车梦的追逐过程。15世纪，列奥纳多·达·芬奇在他的稿纸上画下了对汽车的设想，汽车梦第一次以图案的形式鲜活地进入了人类的视野。以此为蓝本，各种尝试接踵而至。16世纪末17世纪初，荷兰数学家西蒙·斯蒂文模仿帆船发明了双桅帆车；17世纪中叶，

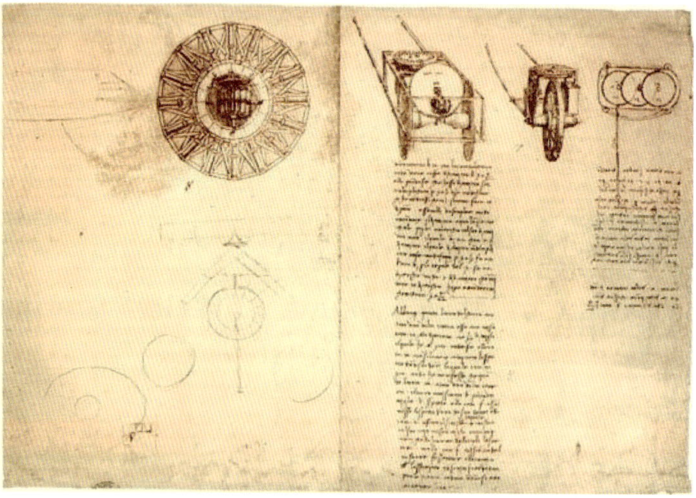

列奥纳多·达·芬奇手稿中有关汽车的部分设计细节

德国钟表匠汉斯·赫丘类比钟表发明了发条车；18 世纪 60 年代末，法国军人尼古拉斯·约瑟夫·库诺特利用蒸汽机率先发明了不需要轨道的蒸汽机车；进入 19 世纪，欧美大陆还有不少先驱尝试制造了由电机驱动的电动汽车……

双桅帆车假想图

汉斯·赫丘发明的发条车

汽车的出现，在真正意义上结束了马车时代的辉煌。由此可见，汽车的确是一项伟大的发明。要知道，马车曾在陆地交通运输中流行了 3000 多年。在如此漫长的时光里，没有任何交通工具能取而代之，即便是火车也没有完全做到。

1886 年 1 月 29 日，当卡尔·本茨先生拿到汽车发明的专利时，宣告汽车正式诞生，人类制造汽车的梦想终于实现了。

奔驰一号——世界上第一台汽车

搭载单缸二冲程的汽油机，配备钢质的条幅轮圈和实心橡胶轮胎，通过转动手柄实现转向

这一刻似乎应该是追逐汽车梦的终点，但显然不是！制造出汽车并不是汽车梦的全部内涵。在接下来的一百多年时间里，人类依旧在持之以恒地追逐着汽车梦。

什么是汽车梦？

汽车梦之于个人，是对诗和远方的向往；之于社会，是渴望进步的初衷；之于国家，是对强盛的期待；之于人类，是对极致文明的追求……

汽车梦是人类本能需求的体现，无论是过去、现在，还是将来，它都寄托着期望——相信未来一定可以变得更加美好的期望。

2 中国的汽车梦

中国的汽车梦和世界的汽车梦并不是同步的。汽车诞生于19世纪末，当时的欧美国家正在工业革命中大踏步地向前发展，而中国却正处于前所未有的内忧外患之中。国家正面临空前危机，中华民族遭受着奇耻大辱，汽车作为当时的新兴事物，自然与中国无缘。当试制汽车的浪潮席卷欧美大陆时，整个中国的陆地上，连汽车的影子都没有。

直到进入20世纪，汽车作为舶来品来到中国，中国的汽车梦才逐渐得以在本土萌芽。

袁世凯送给慈禧的汽车 Duryea Surrey

图片拍摄于2017.11.12—2018.3.11在洛杉矶鲍尔斯博物馆举办的“慈禧太后颐和园生活展”（慈禧太后简单试乘之后，这辆车就被“雪藏”于紫禁城内，后又被转移至颐和园）

20世纪的第一个十年里，4亿中国人中只有极少数“有幸”接触到汽车。

最早的一批是有幸出国留洋的学人，然后是生活在上海租界的人，再然后就是生活在商贸往来比较频繁的大城市的人。能开上或者坐上汽车的中国人就更少了，要么是高官，要么是富贾。根据记载，上海作为当时国际贸易最繁华的城市之一，到 1910 年的汽车上牌量也才 151。①

法国《晨报》1907 年组织发起的北京—巴黎汽车拉力赛的起点在中国，但当时少有中国人对汽车持友好态度。清政府虽然被迫同意过境通行，但自始至终都在怀疑这次比赛的真实目的。比赛沿线的中国平民倒是没有什么抵触，几乎都十分坦率地表达出了本能的好奇，甚至还有些许莫名的不屑一顾。不过，这些都始终被笼罩在恐惧的阴影里。

1907 年北京到巴黎的汽车拉力赛起点

选手们驾驶汽车从北京出发，北京城里聚集了不少普通百姓。这其中有很多人都是第一次看见汽车，还有不少是特意赶来看热闹的

在清朝末年，中国哪有什么汽车梦可言？巴不得这些怪物和洋人一样，滚得越远越好！

从 20 世纪 20 年代开始，汽车在中国的城市中才变得十分常见。那时候中

① 中国汽车工业史编审委员会.中国汽车工业史（1901—1990）[M].北京：人民交通出版社，1996.

国的工业落后，经济凋敝，汽车是洋人和中国有钱人的私有交通工具。不少有识之士意识到了汽车工业对民生和强军的重要性，中国的汽车梦开始在乱世里萌芽。

孙中山先生在《建国方略》一书中说道："自动车乃为近代所发明，乃急速行动所必要。"他于1924年用英文给福特汽车创始人亨利·福特写过一封信，希望福特能够对当时中国的汽车工业施以援手。史实表明，福特是收到了这封信的，但是他并没有来中国。

REPUBLIC OF CHINA
Government Headquarters
CANTON.

12th June, 1924.

Dear Mr. Ford,

Mr. Ng Jim Kai, the bearer of this letter, informs me that you are likely to visit China in the not distant future. Should you do so, it would give me not a little pleasure to welcome you in South China, where -- it is commonly said -- much of the intelligence, energy and wealth of this country can be found.

I know and I have read of your remarkable work in America. And I think that you can do similar work in China on a much vaster and more significant scale. In a sense it may be said that your work in America has been more individual and personal, whereas here in China you would have an opportunity to express and embody your mind and ideals in the enduring form of a new industrial system.

I am of the view that China may be the cause of the next World War if she remains economically undeveloped and thus become an object of exploitation and international strife on the part of the Great Powers. For this reason I began, as soon as the Armistice was

signed/

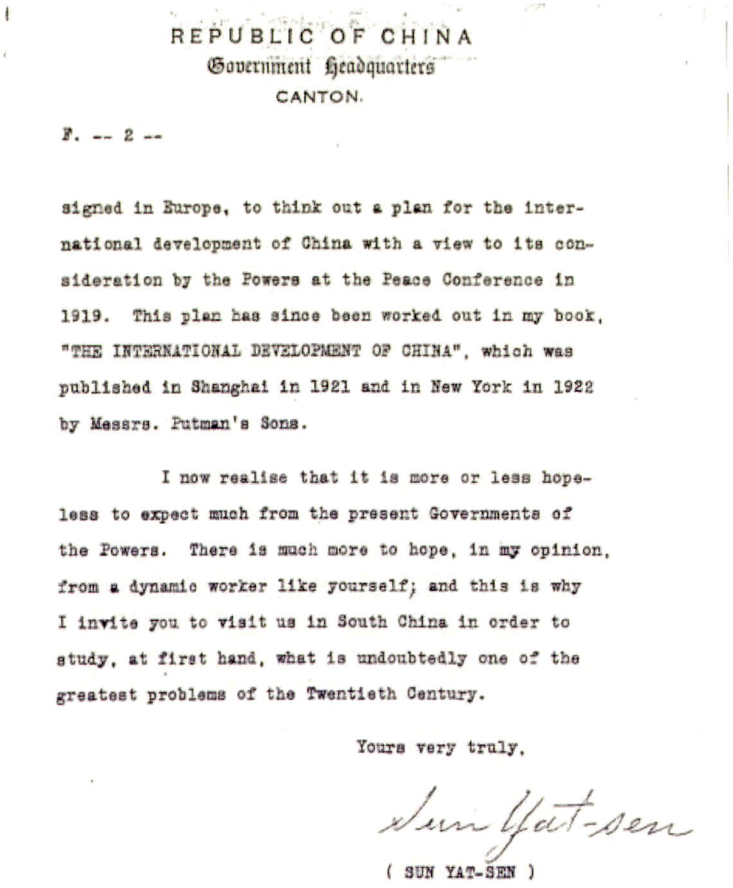

REPUBLIC OF CHINA
Government Headquarters
CANTON.

F. -- 2 --

signed in Europe, to think out a plan for the international development of China with a view to its consideration by the Powers at the Peace Conference in 1919. This plan has since been worked out in my book, "THE INTERNATIONAL DEVELOPMENT OF CHINA", which was published in Shanghai in 1921 and in New York in 1922 by Messrs. Putman's Sons.

I now realise that it is more or less hopeless to expect much from the present Governments of the Powers. There is much more to hope, in my opinion, from a dynamic worker like yourself; and this is why I invite you to visit us in South China in order to study, at first hand, what is undoubtedly one of the greatest problems of the Twentieth Century.

Yours very truly,

Sun Yat-sen

(SUN YAT-SEN)

孙中山先生写给亨利·福特的信件的影印图，原件目前被收藏于福特汽车博物馆

在新中国成立之前，各地零星出现过不少中国人自己试制的汽车。1931年，张学良出资成立的辽宁迫击炮厂试制了民生牌75型汽车；1932年，军阀阎锡山在自己的军车修理厂里试制出了山西牌1.5 t载货汽车；1936年，湖南机械厂生产了衡岳牌25座客车；1937年，国民党成立的中国汽车制造公司制造了中圆牌2.5 t柴油汽车；1939年，国民党成立的中央机器厂在昆明试制了资源牌汽车……[①]只可惜，当时经济形势衰弱，各类储备严重不足，再加上

① 闻不罔.起源与汽车(下)[M].武汉:武汉理工大学出版社,2020.

战乱不断，汽车的试制或者生产几乎都以失败告终。

复刻版民生牌 75 型汽车（在中国工业博物馆展出）

这些汽车都是昙花一现，逐梦的先驱们举步维艰，哪怕此时有汽车梦，也仅仅是“从无到有”。从无到有的汽车梦一直延续到了新中国成立之后。

新中国成立初期，拥有民族汽车工业和中国自己生产的汽车是全中国人的梦想。这也才有了“举国体制”下建设出的第一汽车制造厂（简称一汽）及其生产出的解放牌卡车。

党中央全力支持，大批的技术人才和管理干部从全国各地调往长春，全国的普通百姓也用实际行动支援一汽建设。当时，江苏省崇明县新东小学全体学生，捡了 45 斤稻穗，卖了 3.66 元寄到一汽，信中说：“叔叔们，请你们收下这笔钱吧，这是我们每个少年儿童在祖国伟大建设事业中贡献的一份力量！”

1956 年 7 月 13 日，解放牌 CA10 卡车驶出装备车间，民族汽车工业终于实现了从无到有的转变。

不过，中国汽车“从无到有”的逐梦之旅并没有因此结束。

汽车有很多种类，按照《中国汽车分类标准》（GB 9417—89）（现在已废止）的划分，我国的汽车大致可以分为：载货汽车、越野汽车、自卸汽车、牵引车、专用汽车、客车、轿车和半挂车。其中，每个类别中又按相关数据分为几个标准，比如载货汽车就按厂定最大总质量分为微型货车、轻型货车、中型货车和重型货车。①

长春第一汽车制造厂职工正在夹道欢呼新中国第一批汽车下线

1956 年 7 月 13 日，长春第一汽车制造厂的总装线上，驶出来了新中国生产的第一批汽车，中国终于实现了批量生产汽车的梦想

对迫切需要发展的中国而言，每种汽车都在各自的使用场景中不可或缺，它们可以极大地提高生产生活效率。一直到改革开放初期，各大汽车厂都还在全力以赴地填补一个个空白，尽可能让所有种类的汽车都能实现“从无到有”。比如，一汽主要生产解放牌 4.0 t 载货汽车和红旗牌轿车；南京汽车制造厂（简称南汽）主要生产跃进牌 2.5 t 载货汽车；济南汽车制造厂（简称济汽）主要生产黄河牌 8.0 t 载货汽车；第二汽车制造厂（简称二汽）主要生产东风牌 2.5 t 和 5.0 t 载货汽车；北京汽车制造厂（简称北汽）主要生产北京牌轻型越野车；四川汽车制造厂（简称川汽）主要生产红岩牌 8.0 t 重型越野车；上海汽车制造厂（简称上汽）主要生产上海牌轿车……

① 《中国汽车分类标准》(GB 9417—89)（现在已废止）：载货汽车依公路运行时厂定最大总质量(GA)划分为微型货车(GA≤1.8 t)、轻型货车(1.8 t < GA≤6 t)、中型货车(6.0 t < GA≤14 t)、重型货车(GA > 14 t)。

解放牌 4.0 t 载货汽车

红旗牌高级轿车

跃进牌 2.5 t 载货汽车 NJ130

黄河牌 8.0 t 载货汽车 JN150

东风 5.0 t 载货汽车 EQ140

轻型越野车 BJ 212

红岩牌 8.0 t 重型越野车 CQ260

上海牌小轿车 SH760

改革开放初期，受限于国家经济发展和技术储备等问题，中国汽车工业发展看似百花齐放的背后，实则“偏科”严重。能够真正意义上实现大规模生产的主要还是靠举国投资建设的一汽和二汽，但这两个大厂的产能是远远不能满足全国各地交通运输和经济建设对汽车的需求的。我国的汽车工业呈现出了明显的“缺重少轻无轿车”特征——缺少重型货车，轻型货车的产量远远满足不了需求，几乎没有规模化生产的轿车。在第一次停产之前，红旗牌轿车的年均产量只有 60 辆，年产量在最好的时候也只有 307 辆（1964 年）。[①]

① 参见：汽车工厂设计处工艺室整理的《第一汽车厂历年资料汇集》。

而上海牌轿车从投产到停产的27年里，一共只生产了77041辆汽车，年均产量也只有2853辆。

1978年，全球的汽车产量已经达到了4249万辆左右，而当时中国的汽车年产量只有14.9万辆。在同一时期，一般汽车强国的年产量普遍都在300万辆以上，日、美等发达国家甚至可以达到年产1000万辆。

对当时的中国来说，聊胜于无。虽然数量上微不足道，但也是我国不计其数的逐梦人勠力同心、接力奋斗多年的成果。从新中国成立到改革开放以前，我国经历了两轮造车热潮[①]，全国各地都以不同形式参与了汽车制造，这也让我国的汽车工业呈现出散布型的分布格局。底子虽然薄弱，但我国的汽车工业确实完成了“从无到有”的转变。

1981年6月召开的中国共产党第十一届六中全会明确指出：在社会主义改造基本完成以后，中国所要解决的主要矛盾是人民日益增长的物质文化需要同落后的社会生产力之间的矛盾。[②]全国上下从此开启了全力发展生产力的新篇章，中国的汽车工业由此步入“由小到大”的新阶段。

20世纪70年代末80年代初，中国的私家车千人保有量不足0.5辆，在全球参与统计的130个国家中垫底。当时一台私家车的价格对于一个普通城镇居民来说，简直是天文数字。1985年，全国职工平均货币工资为1142元。[③]当年上海大众生产的桑塔纳卖出了1684辆，平均车价在20万元以上。按此计算，一个有固定收入的职工要想在那个年代买一台桑塔纳，需要不吃不喝近二十年才能实现。普通家庭想要拥有一台私家车，只能是一个梦，想都不敢想。

中国的汽车在当时之所以贵，一方面是和收入水平有关，另一方面是因

① “大跃进”时期和“三五”期间。

② 《关于建国以来党的若干历史问题的决议》（1981年6月27日中国共产党第十一届中央委员会第六次全体会议通过）。

③ 《中华人民共和国国家统计局关于一九八五年国民经济和社会发展的统计公报》（1986年2月28日）。

为产量太低。在物以稀为贵，供严重小于求的大背景下，汽车属于典型的奢侈品。

改革开放逐渐将中国经济发展带入快车道，中国的汽车产量更是以惊人的高速增长。2009 年，中国的汽车产量达到了 1379.1 万辆，成为全球第一的汽车产销大国。[①]与 1978 年相比，2009 年的汽车产量增长了 91.557 倍，这已经不能简单用增速快来形容了。中国汽车工业不仅实现了"由小到大"，还一举成为世界最大。

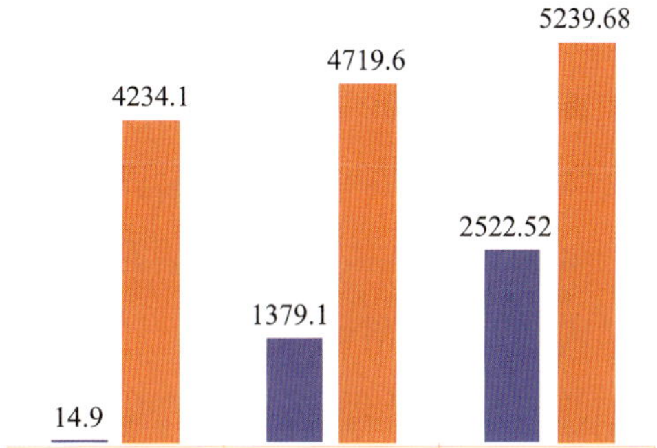

	1978 年	2009 年	2020 年
中国汽车产量（万辆）	14.9	1379.1	2522.52
其他区域汽车产量（万辆）	4234.1	4719.6	5239.68

部分年份中国与其他区域汽车产量数据对比

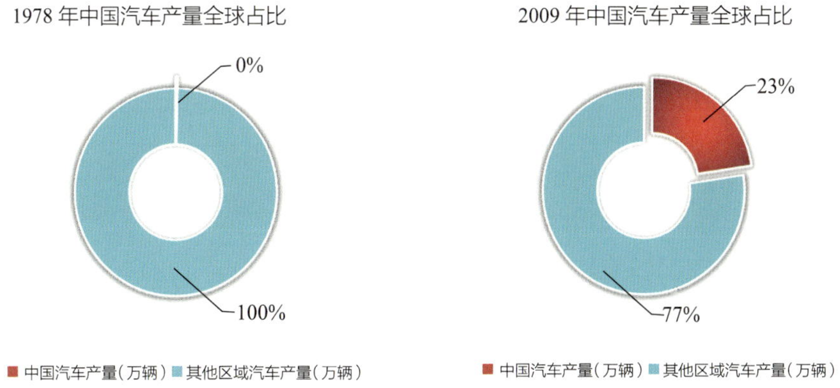

1978 年和 2009 年中国汽车产量的全球占比情况

① 数据来源于中国汽车工业协会。

汽车工业的高速发展让中国人民拥有一台私家车的梦想不再遥不可及，中国的汽车梦也由此顺其自然地发生了改变。

正如刘禹锡的名句，“旧时王谢堂前燕，飞入寻常百姓家”。进入21世纪，汽车逐步驶入了中国寻常百姓的家庭。不管是农村还是城市，拥有一台私家车都变得容易了许多，百姓苦恼的是选择买一台什么样的车。有选择就有对比，有对比自然就有优劣。在相当长的时间里，我们都有一个普遍的共识：自主品牌汽车不如合资汽车，合资汽车不如进口汽车。这样的观点甚至近乎成为指导中国汽车消费的一般“公理”。

理性地看，21世纪初期的自主品牌汽车的确不如合资或者进口品牌的汽车。不论是汽车产品本身还是与之配套的服务，自主品牌一直都是模仿者和追赶者。到2009年，自主品牌在中国的市场份额也只有30.6%，这在当时还是近十年以来的历史最好数据。

在残酷的市场选择面前，许多中国人对国产汽车的情感都是：怒其不争又无可奈何。汽车工业的发展需要人才储备，需要技术积累，需要文化积淀……而这些都需要时间。久而久之，复杂的情绪就衍生出了中国人对优质国产汽车的渴望。这些渴望汇集在一起就是新时期中国的汽车梦——中国汽车工业“由大到强”。

时至今日，中国的汽车工业相比十多年前已经强大了太多，也正在变得越来越强。不过，中国汽车在国际市场的赛道中依然没有获得足够的主动权和话语权。全球市值排名前三的都是外国汽车公司，销量排名前三的依然都是外国汽车公司；中国本土的乘用车市场中，自主品牌的市场份额难以过半；在自主品牌的产品矩阵中不仅缺少豪华品牌，而且成熟的跑车品牌也是空白；同等定位的产品，多数自主品牌的定价远低于外国品牌……种种现象都表明，中国汽车工业还不够强。

因此，“由大到强”依旧是现阶段中国的汽车梦，但我们相信，这并不是一个遥远的梦。

不论是“从无到有”“由小到大”，还是“由大到强”，中国汽车梦始终和国家发展需要息息相关，和人民对幸福生活的追求密不可分。每一次圆梦都会让我们站上新的高地，并开始追逐新的梦想。汽车工业的发展承载着国家建设的迫切需求，也肩负着人民对美好生活的殷切向往。这样的初衷同其他国家相比，并没有太大的差别。我们只是起步晚了一些，而且已经在追赶的道路上奋力奔跑了七十多年。

我们一直都在努力奔跑，我们一直都是追梦人，追逐汽车强国梦的中国人。

3 梦源 1949

中国的汽车梦具有十分丰富的内涵，且与时俱进。中华人民共和国成立前后，中国的汽车梦是能制造汽车；进入 20 世纪 60 年代，伴随国际形势的变化，中国的汽车梦是能强国；改革开放以后，发展生产力成为主要任务，中国的汽车梦是促发展；进入 21 世纪，自主品牌被寄予越来越高的期望，中国的汽车梦是品牌向上；到了近几年，中国汽车在国际赛道中逐渐崭露头角，中国的汽车梦是赶超和引领……中国的汽车梦在不同历史时期的侧重点不一样，但却始终是实现中华民族伟大复兴的中国梦的有机组成。

中华民族的汽车梦到底源于什么时候？

确切的时间怕是难以从有限的史料中考究出来了，不过我们可以确定，一定是在新中国成立之前。孙中山先生写给福特的信和辽宁迫击炮厂的民生牌汽车都能佐证这一结论。

在 1949 年之前，汽车工业虽有萌芽，却不成气候。几十年的尝试始终没能建成哪怕一条现代生产线，主要的核心部件几乎全部依赖进口，国内只是完成拼装。新中国成立之前，中国的汽车保有量虽有过一段时间的攀升，但整体总量并不高。到 1948 年时，全国总共也只有 69159 辆汽车。

---

① 中国汽车工业史编审委员会.中国汽车工业史(1901—1990)[M].北京：人民交通出版社，1996.

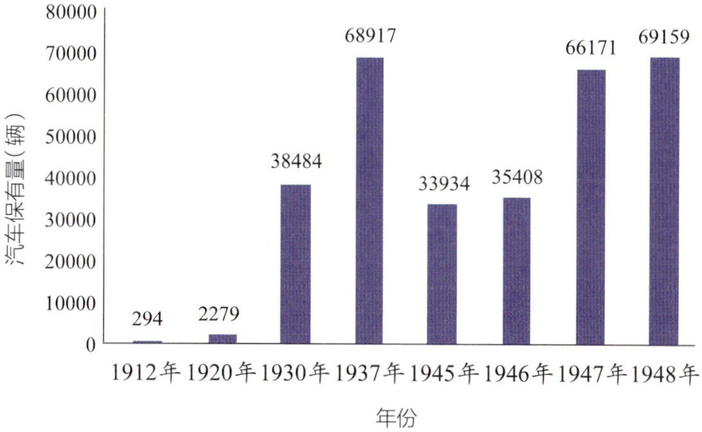

近代中国汽车保有量①

而且，中国的汽车业彼时呈现出修理比制造繁荣的局面，可悲亦可叹。连年的战乱使得修理汽车的需求变得旺盛，汽车修理业由此得到了发展的机会，虽然比汽车制造业要好，但总体情况依旧不乐观。据统计，1949 年新中国成立初，上海一共只有汽车修配厂 26 家，职工 722 人。①其他地方都不及上海经

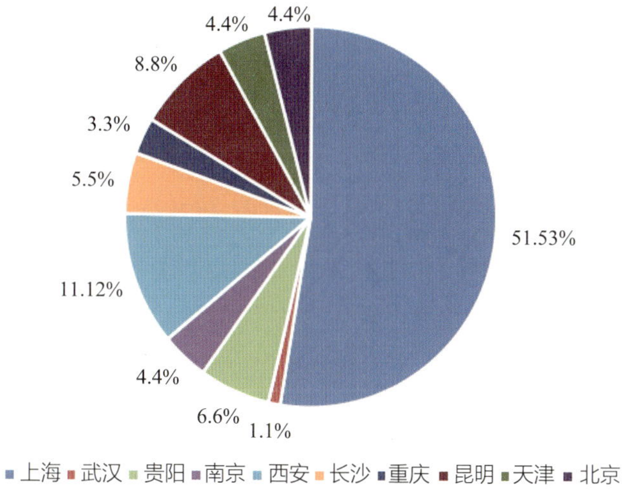

中国主要城市汽车配件制造厂数据（1949 年）②

① 上海市工商行政管理局等.上海民族机器工业[M].中华书局，1979.
② 数据来源：重工业部《汽车工业建设计划草案》（1950 年）。

济繁荣，相关产业的底子就更为薄弱了。据统计，上海有51家汽车配件制造厂，而北京、天津、重庆、贵阳、昆明、西安、长沙、武汉和南京加在一起的数量济繁荣，相关产业的底子就更为薄弱了。据统计，上海有51家汽车配件制造也才46家。这些修配厂和配件制造厂加在一起基本就是新中国要发展汽车工业的全部“家底”（产业基础）了。

新中国的汽车梦源于什么时候？答案很明显，1949年！

中华人民共和国成立初期的主要任务是为体制转变打基础，要在全国范围内建立新民主主义的政治制度和经济制度，以便进行大规模的经济建设。百废待兴，工业建设至关重要，汽车工业自然包含其中。

1949年12月16日，中华人民共和国中央人民政府主席毛泽东率领中国代表团访问苏联，这是新中国成立以后中国政府首脑第一次出访活动。毛泽东访苏期间，曾被安排参观制造吉斯汽车的斯大林汽车厂。当他看见高大的厂房里，一辆辆汽车驶下装配线时，不禁连声称赞。他对随行的人员说“我们也要有这样的工厂”。这句话不仅仅是毛泽东一时的感叹，更是新中国的迫切期待，也是新中国汽车制造梦的开端。

根据中国汽车工业先驱者和奠基人陈祖涛在《我的汽车生涯》里的回忆，沈鸿[1]曾告诉他，建立汽车厂的构想是斯大林亲自向毛泽东提出来的。斯大林说：“汽车厂代表现代机械工业的最高水平，你们建一个汽车厂，就可以带动整个机械工业和钢铁、化工、建筑等其他行业向前发展。”

毛泽东从心底认可和接受了这个提议。次年一月，“建设汽车制造厂”成了苏联援华的156个项目之一。

访苏之旅刚刚结束，毛泽东就和周恩来总理迫不及待地考察了哈尔滨的汽车维修厂。根据《饶斌传记》里的记载，两位领导人1950年2月26日回到

① 1949年到1955年间，沈鸿分别任中央财经委员会重工业处处长、国家计划委员会机械计划局副局长、第三机械工业部部长助理。其中大部分时间在莫斯科办理苏联援助我国156个项目的设备分交工作。

国内，27 日下午 2 点到达哈尔滨，下午 3 点半就在饶斌的陪同下前往当时哈尔滨最大的工厂——哈尔滨机车车辆厂做视察。

1950 年 3 月 3 日，毛泽东在东北局的高级干部会议上，讲到了他的苏联之行的体会："我们参观了苏联一些地方，使我特别感兴趣的是他们的建设历史。他们现在的工厂有很大规模，我们看到这些工厂，好像小孩子看到了大人一样，因为我们的工业水平很低。……他们现在的许多大工厂在十月革命时很小或者还没有。汽车工厂、飞机工厂在十月革命时只能搞修理，和我们现在差不多，不能造汽车，不能造飞机。……而现在一个工厂一年能造出几万台汽车。这一历史告诉我们一些什么呢？这就是说，我们现在可以从极小的修理汽车、修理飞机的工厂，发展到制造汽车、制造飞机的大工厂。"

斯大林送给毛泽东的礼物，一辆吉斯 110 型轿车

苏联的建设历史给了毛泽东很大的启发，也让他看到了中国发展民族汽车工业的可能和希望。访苏之旅就像是寒冬之后的第一缕春风，唤醒了新中国的汽车梦。

3 月 27 日，重工业部成立了汽车工业筹备组。汽车工业筹备组肩负了在一穷二白的情况下发展民族汽车工业的重任，是第一支在汽车工业里的“国家队”。这支队伍里有许多先驱者，其中就包括郭力、孟少农。

郭力（1916—1976），原名高崇岳，是长春第一汽车制造厂的第一任厂长。孟少农（1915—1988），原名庆基（参加革命后改为孟少农），是新中国汽车工业技术的主要奠基人。他成功地领导了中国第一汽车制造厂、陕西汽车制造厂和第二汽车制造厂几代产品的研制和开发。

汽车工业筹备组成立之初，对新中国的汽车制造并没有明确的方向，再加上苏联援建汽车厂的具体细节并没有落实，所以筹备组面临着巨大的压力。孟少农回忆说，在筹备组成立之前，重工业部的领导曾经叫他去讨论着手筹建汽车工业的事宜。他当时坦言：“对此事全无思想准备，以为至少还要等经济恢复几年后才有条件搞汽车工业。”

他的担心是有道理的，当时国内的工业基础十分薄弱，最为关键的是缺乏专业人才，技术储备也几乎为零。多年的战乱，使得国民经济早已处在崩溃状态，再加上那个时期阶级斗争激烈，通货膨胀严重，实在不算是一个好的时机。

毛泽东曾经特别形象地描述过那个时期的状况：一“穷”二“白”。1956 年 4 月，毛泽东在《论十大关系》中指出：“‘穷’就是没有多少工业，农业也不发达。‘白’就是一张白纸，文化水平、科学水平都不高。”

1949 年中国的 GDP 只有近 123 亿美元，人口约 5.4 亿，人均 GDP 只有 23 美元，人均国民收入只有 16 美元。而参考同时期其他国家的人均 GDP 数据，日本 182 美元，是中国的近 8 倍；德国 486 美元，是中国的 21 倍；美国 1882 美元，是中国的 80 多倍。

对新中国来说，不光是缺钱，也缺各种资源。比如钢，根据《中华人民共和国史》的记载，新中国成立之初，全国的钢产量只有 15.8 万 t。这比新中国成立前最高产的年份下降了 83%，只相当于当时世界钢产量的千分之一。在缺钢少铁的情况下，造车谈何容易？

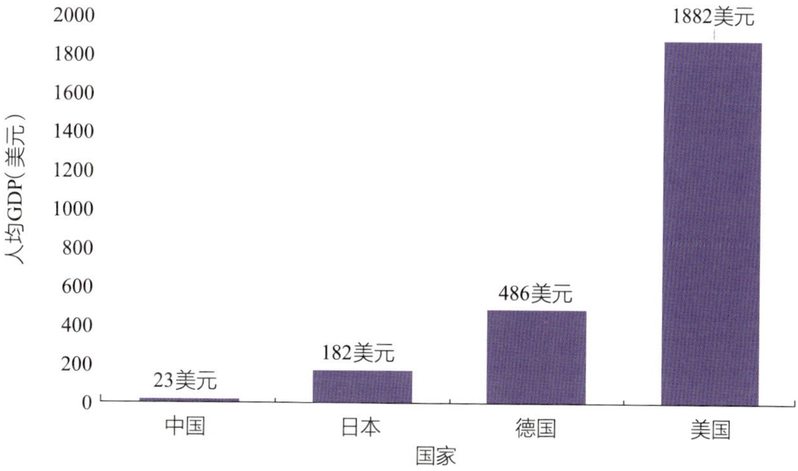

1949 年部分国家人均 GDP 数据对比

汽车工业筹备组就是在这样的情况下，开始了制造汽车的准备工作。这些工作是有实践意义的，对长春第一汽车制造厂的建设有着十分重要的影响。

重中之重是解决人才的问题。汽车工业筹备组征集了一批专业的技术干部，陆续抽调了一批人员，暂时性地解决了人手的问题。孟少农带领同事到学校动员在校学生，积极发展储备力量。清华大学、北京大学、天津大学、南开大学等高校都有学生参与了汽车工业筹备组办的实习班。

摸清楚“家底”也很重要。汽车工业筹备组接收了新中国成立前留下的一批汽配厂，其中包含了很多原本属于军事系统的汽车修配厂，还有一部分坦克修理厂。由于抗美援朝战争的原因，汽车工业筹备组需要迅速组织复产，来确保军用汽车的配件。

在苏联援助建设汽车制造厂的方案落地之前，汽车工业筹备组也完成了“自主”版的方案。1950 年 5 月下旬，汽车工业筹备组向重工业部递交了《汽车工业建设计划草案》。这个计划草案粗略地提出了新中国汽车工业建设的方案，主要是试图利用新中国成立前遗留下来的资源，以国内的力量为主建设汽车工业。这份计划草案的主要优势在于设计的建设周期短，经济节省，十分符合国情。不过，它最大的缺点在于设计规模太小，不符合国家对汽车工业规模化规划的需求。我们需要的不仅仅是自主生产的汽车产品，而是成规模的汽车工业，以及能够满足新中国建设需求的汽车产业。

最终，这份计划草案被束之高阁，既没有施行，也没有修订，而是被苏联援建一汽的方案所取代。不过，在制定《汽车工业建设计划草案》的过程中，汽车工业筹备组做了大量的调研，搜集了很多国内跟汽车有关的宝贵资料。草案中记录了1949年中国汽车保有和分布情况，也记载了新中国成立初期汽车工业的状况，让人意外的是，这份计划草案还描写了当时石油工业和公路两个配套产业的状况。这些资料对一汽建设期间的资源调配和中国长远的汽车工业建设都有重要的参考价值。

中国文史出版社2007年出版的《一汽创建发展历程》中，收录了孟少农的《中国要建一座汽车厂》，他回忆道："我们看过北到哈尔滨、南到昆明、西到重庆、东到上海，由日伪和国民党官僚资本遗留下来的汽车装配工业；了解了原宋子文集团设立的'中国汽车公司'设在株洲、凭祥、重庆等地的工厂和人员下落，找到伪资源委员会委托美国Reo汽车公司制作的五卷建设汽车厂设计资料；也在昆明山洞里发现了伪资源委员会买的美国Sterling公司的汽车图纸。为寻找建厂地址，我们看过北京、石家庄、太原、西安、宝鸡、武汉、株洲等地，并在京西石景山附近的衙门口做了地质钻探。"

不论是通过《汽车工业建设计划草案》，还是透过孟少农等汽车先驱们的回忆，我们都能真切地感受到新中国追逐汽车梦的急切心情。

为了这个汽车梦，那个时代的奋斗者们全情投入，积极探索。不论处境多么艰难，他们始终一往无前，靠着奋斗从"一穷二白"出发，向梦想靠近。

4　梦想的力量

1956年7月14日，第一汽车制造厂的司机马国范师傅虽然满脸都写着淡定，内心却早就已经激动得不能自已了。他是开上第一批正式量产下线的解放牌CA10卡车的12名司机之一，他开的还是整个车队里最前面的那一台。也难怪会激动，马国范师傅开的可是新中国成立以来，由中国制造的第一辆汽车，换谁应该都会觉得荣幸和激动。马国范回忆说，在他们开车去省里报喜[①]的路上，不断有人对他表达羡慕：“老司机，您开第一辆汽车真幸福啊！”在这之前，马师傅已经开了二十多年的外国车，终于开上国产车的激动心情应该是到了难以名状的地步了。

1956年7月14日，报喜车队里
第一辆解放牌CA10的驾驶员马国范

这份激动属于马国范，更属于

① 1956年7月14日上午，第一汽车制造厂在汽车工人俱乐部举行了庆祝建厂三周年和先进生产者代表会议，向党中央报告了第一批国产汽车试制成功的喜讯。会后，400多名劳模、先进工作者等，坐上新装配成功的解放牌汽车，组成报捷车队，与全厂职工见面，驱车向省、市委报喜。

全中国人民。“举国翘盼尽早建成汽车厂，万人空巷人民争看解放牌”——这是坐在车队最后一辆解放牌 CA10 上的工程师代表们凑出的一副对联，描绘得就是当时的情形。人挨着人，人挤着人，漫天的纸花儿从四面八方飞过来。还有许多老百姓，拿着高粱、苞米、谷子往车上抛撒，就好像电影里在迎接解放军进城似的。车斗站满了人，脚踏板上也站上了人，连汽车翼子板上都坐上了人。12 名司机中年龄最小的是当时只有21岁的于丰年，他回忆说：“一路上人们把汽车围了里三层、外三层，都争着喊着要坐车。人们对汽车的感情太热烈了。”①

不管是马国范、于丰年这样的亲历者，还是其他同时代只能通过新闻感受成功喜悦的中国人，在得知中国可以制造汽车的时候，都会切实感受到梦想成真的激动和喜悦。就是在一次次成功实现梦想的过程中，中国的汽车制造业一路跌跌撞撞发展到现在，已经是全球汽车产业的重要力量了。

中国的汽车梦是与时俱进，不断发展和变化的。

对刚刚成立的新中国来说，制造出汽车就是中国的汽车梦；

对“二五”时期的中国来说，不再依赖苏联，可以自己大规模生产更多类型的汽车就是中国的汽车梦；

对“三五”“四五”“五五”时期的中国来说，完成三线建设目标，利用汽车装备加强国防就是中国的汽车梦；

“六五”时期，对外开放就是中国的汽车梦；

“七五”时期，提高国产化率就是中国的汽车梦；

“八五”时期，打破“缺重少轻无轿车”的困局就是中国的汽车梦；

“九五”时期，能自主设计开发汽车就是中国的汽车梦；

“十五”时期，私人能购买一台汽车就是中国的汽车梦；

“十一五”时期，自主品牌汽车能崛起就是中国的汽车梦；

“十二五”时期，汽车工业能“由大到强”就是中国的汽车梦；

“十三五”时期，国产汽车能走向世界并站稳脚跟就是中国的汽车梦。

时至今日，中国的汽车梦就是汽车强国梦。

---

① 《人民日报》(2019 年 02 月 02 日 05 版)。

梦想的力量何其强大，在任何历史时期都是如此。

1.梦想的力量是勇气，有勇气才能敢于出发，迎难而上

1958年前后，除了一汽在制造汽车以外，全国各地各类组织和单位都在制造汽车。它们中绝大多数是不具备制造汽车的条件和能力的，却硬是靠着榔头和毅力，敲敲打打造出了200多种汽车。而在1957年，全国一共生产了7904辆汽车，全部来自一汽。不到一年时间，全国各类汽车制造项目拔地而起，全国人民制造汽车的热情可见一斑。虽然其中绝大多数都没有真正投入生产，但也不乏红旗牌、黄河牌、跃进牌等在国内获得了持续生命力的汽车品牌。

2.梦想的力量是坚持，能坚持才能披荆斩棘，不断前进

我国的轿车生产可以用“千难万难”来形容，现在的高速发展全得益于各类汽车人的坚持。改革开放以前的三十年时间里，我国的轿车制造工业可以被忽略不计。尽管红旗牌豪华轿车和上海牌轿车都曾在这一时期绽放过，但都不曾有过辉煌。在改革开放的浪潮中，上海牌轿车停产，红旗品牌更是被雪藏。改革开放前，政策制约了自主轿车的发展；改革开放后，市场竞争又挤压了自主轿车的发展。就是在这样的环境下，一汽也始终没有放弃过对红旗牌轿车的执着，经历了两次停产之后的红旗品牌才得以在今天重新获得生命力。吉利1993年就筹划要制造汽车，政策不允许就“曲线救国”，一直坚持到2001年才获准正式生产。奇瑞汽车2000年因为无资质违规生产销售，产品曾被公安部交通管理局公开禁止上牌，也是因为坚持才发展成为如今年产超过70万辆的自主汽车企业。

3.梦想的力量是思辨，常思辨才能认清自我，与时俱进

“大跃进”时期、三线建设时期、加入世界贸易组织前后和“十三五”时期，全国范围内掀起了数次制造汽车的大浪潮，每一次都给我国汽车工业的发展

奇瑞借助上汽的轿车生产资质推出的上汽奇瑞 SQR7160（又名“风云”）

奇瑞用 20%的股份向上汽换来了生产资质，名义上奇瑞并入上汽。上汽对奇瑞提出了“四不原则”，即：不投资、不参与管理、不承担风险、不分红。此后，因为种种经营上的冲突与矛盾，上汽和奇瑞“分手”，上汽返还了奇瑞 20%的股份。2003 年 8 月，双方签署了协议，并且规定了保密期。之后，上汽集团奇瑞汽车有限公司更名为奇瑞汽车有限公司，并且于 2014 年 9 月 10 日正式获得国家发改委批复。奇瑞离开上汽之后依然取得了轿车生产资质

带来深远的影响，每一次也都得益于党中央的理性判断和指导，才在复杂的环境中确保了我国汽车工业的发展。“大跃进”之后，国民经济失衡，党中央的及时调整让经济发展回归正轨，汽车制造热潮回归理性；改革开放及时调整了国民经济发展的方向和策略，汽车制造由缓慢发展的计划生产机制进入高速发展的市场经济机制；2009 年，全球经济危机，汽车工业受影响严重，我国及时出台补救措施，实现产销双增并且成为全球最大汽车产销国……各个历史时期，在党中央的领导下，各主管部门时刻保持理性思维，多次在发展困局中打开新局面，助力我国汽车工业的发展和壮大。

4.梦想的力量是引领，有引领才能找准方向，事半功倍

2017 年 10 月 18 日，习近平在十九大报告中指出，实现中华民族伟大复兴是近代以来中华民族最伟大的梦想。正是在这一梦想的引领下，全国人民在中国共产党的带领下进行了艰苦卓绝的斗争，谱写了气吞山河的壮丽史诗。

而我国汽车工业建立、发展和壮大的历程就是这一史诗中的重要篇章之一。不论是新中国成立之初的艰苦创业，还是改革开放以后的大胆探索，抑或是加入世贸组织后的一往无前，都是我国汽车工业服务民族复兴的真实写照。70 多年的时间里，由于各种原因，我们走过弯路，但终究是在梦想的指引下回归正轨。特别是改革开放以来，我国的经济飞速发展，汽车工业的发展也步入快车道。我国的汽车产量从 0 到 10 万辆花了 16 年时间，从 10 万辆到 100 万辆花了 21 年时间，而 100 万辆到 200 万辆只用了 8 年，300 万辆到 400 万辆只用了 1 年，1000 万辆到 2000 万辆只用了 4 年。在国际市场上，除美国和日本以外，只有中国的汽车年产量上升到千万级别以上。中国和日本实现 100 万辆到 1000 万辆的跨越都只用了 17 年，而美国用了 52 年。进入 21 世纪，中国已经成为全球增速最快的单一市场，很快就在数量上占据了绝对优势，成为全球最大的汽车生产国和销售国。

2020 年 1 月 8 日，习近平在“不忘初心、牢记使命”主题教育总结大会上讲道：“我们党近百年来所付出的一切努力、进行的一切斗争、作出的一切牺牲，都是为了人民幸福和民族复兴。”中国梦归根结底是人民的梦，中国的汽车梦归根结底是中国人民的汽车梦。汽车梦承载了人民对国家富强的期望，对民族复兴的愿景和对美好生活的向往。在不断追逐梦想的过程中，我们已经离目标越来越近，就像马国范和于丰年一样，我们已经在追逐梦想的过程中，增强了对美好生活的获得感、幸福感。

表 4-1　中国部分年份汽车产量数据①

年份	1955 年	1971 年	1992 年	2000 年	2002 年	2003 年	2009 年	2013 年
汽车总产量（辆）	61	111022	1061712	2068186	3253655	4443491	13790994	22116800

① 1955—1990 年数据来源于历年《中国汽车工业年鉴》，1991—2012 年数据来源于中国汽车工业协会，2013—2020 年数据来源于国家统计局全国年度统计公报。

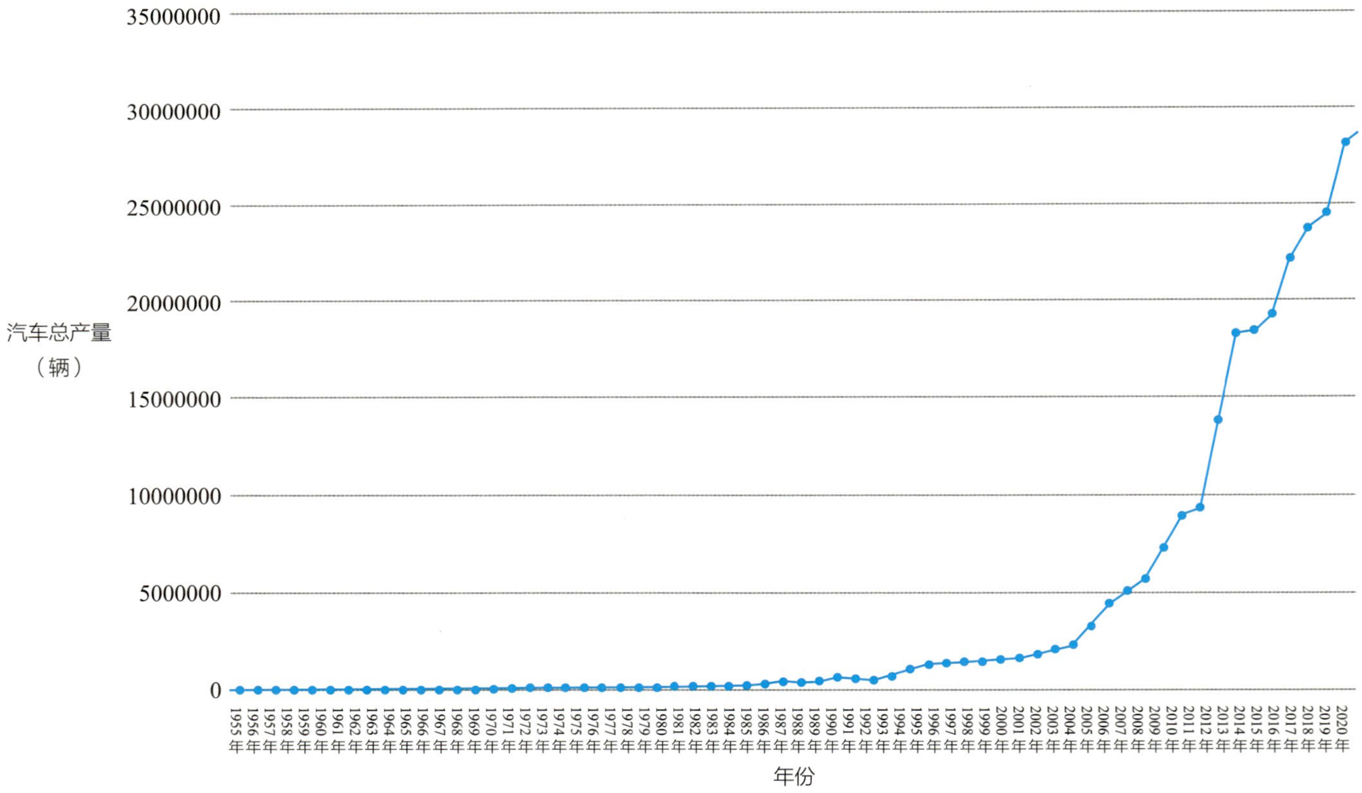

我国历年汽车总产量数据趋势图(1955—2020)①

① 1955—1990 年数据来源于历年《中国汽车工业年鉴》,1991—2012 年数据来源于中国汽车工业协会,2013—2020 年数据来源于国家统计局全国年度统计公报。

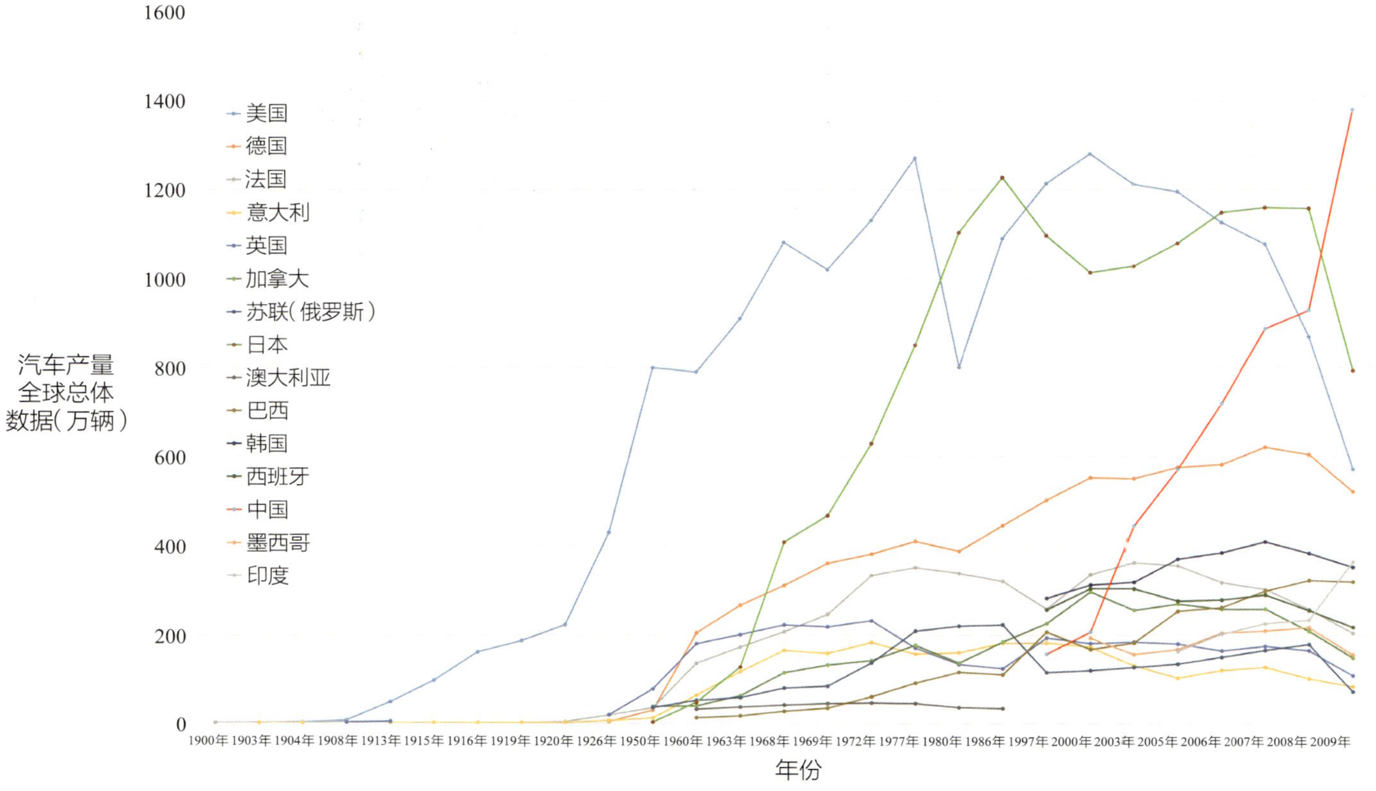

各国汽车产量数据趋势①

① 1955 年以前数据来源于国际汽车制造商协会（OICA），1955 年以后数据来源于历年《中国汽车工业年鉴》和国际汽车制造商协会（OICA）的报告。

表 4-2 汽车产量全球总体数据[1]

汽车产量全球总体数据（万辆）																
年份	美国	德国	法国	意大利	英国	加拿大	苏联（俄罗斯）	日本	澳大利亚	巴西	韩国	西班牙	中国	墨西哥	印度	泰国	全球总产量
1900 年	0.4	0.2	0.3														1
1903 年	1.1	0.7	1.3	0.1													3.2
1904 年	2.3	1.1	1.7	0.3													5.4
1908 年	6.5		3		1.1												10.6
1913 年	48.5	2	4.5	0.7	3.4												60.6
1915 年	97			1.5													101.5
1916 年	161.8			1.7													167.6
1919 年	187.6		1.8	1.8													200
1920 年	222.7		4	2.1													238.3
1926 年	430.1	4.5	19.2	6.8	19.8												502.9
1950 年	800.6	30.6	35.8	12.8	78.4	38.8	36.3	3.2									1057.8

① 1955 年以前数据来源于国际汽车制造商协会（OICA），1955 年以后数据来源于历年《中国汽车工业年鉴》和国际汽车制造商协会（OICA）的报告，空白部分为缺失数据。

续表 4-2

汽车产量全球总体数据(万辆)

年份	美国	德国	法国	意大利	英国	加拿大	苏联(俄罗斯)	日本	澳大利亚	巴西	韩国	西班牙	中国	墨西哥	印度	泰国	全球总产量
1960 年	790.5	205.5	136.9	64.5	181.1	39.8	52.4	48.2	32.6	13.3							1635.8
1963 年	910.9	266.8	173.7	118.1	201.2	63.1	58.7	128.4	37.4	17.4							2069.8
1968 年	1082	310.7	207.6	166.4	222.5	115	80.1	408.6	41.8	27.8							2854.4
1969 年	1020.6	360.5	246	159.6	218.3	132.6	84.4	467.5	45.2	35							3000.8
1972 年	1131.1	381.6	332.8	184	232	143	137.9	629.4	46.7	60.9							3570.2
1977 年	1270.3	410.4	350.8	158.3	171.4	177.5	208.8	851.5	45.3	91.9							411.6
1980 年	801	387.9	337.8	161.2	134.3	137.4	219.9	1104.3	36.4	116.5							3870.8
1986 年	1090.9	445.2	319.4	182.2	124.8	184.6	222.6	1226.9	34	110.9							4515.6
1997 年	1213.1	502.3	258	182.8	193.6	225.7	116	1097.5		206.9	281.8	256.2	158				5311.7
2000 年	1280	552.7	334.8	173.8	181.4	296.2	120.6	1014.1		168.2	311.5	303.3	206.9	193.6			5837.4
2003 年	1211.5	550.7	362	132.2	184.6	255.3	127.9	1028.6		182.8	317.8	303	444.4	157.5			6066.3
2005 年	1194.7	575.8	354.9	103.8	180.3	268.8	135.5	1080		253.1	369.9	275.3	570.8	168.4	163.9	112.3	6648.2
2006 年	1126.4	582	316.9	121.2	164.8	257.2	150.8	1148.4		261.1	38.4	277.7	718.9	204.6	202		6922.2
2007 年	1078.1	621.3	301.6	128.4	175	257.9	166	1159.6		297.7	408.6	289	888.2	209.5	225.4	128.7	7326.6
2008 年	869.4	604.6	256.9	102.4	165	208.2	179	1157.6		321.6	382.7	254.2	929.9	216.8	233.2	139.4	7052
2009 年	570.9	521	204	84.3	109	149.1	72.2	793.5		318.3	351.3	217	1379.5	156.1	363.3	99.9	6171.5

第二篇

逐梦党旗下

5 “一五”时期（1953—1957）汽车工业的主要成果

早在1944年5月，毛泽东就指出：“中国落后的原因，主要是没有新式工业”；“要中国的民族独立有巩固的保障，就必需工业化。我们共产党是要努力于中国的工业化的。”[①]在解放战争即将取得全国胜利的前夕，中国共产党于1949年3月5日至13日在西柏坡召开了第七届中央委员会第二次全体会议。会议提出，革命胜利后，中国共产党的一项重要任务就是要“使中国稳步地由农业国转变为工业国”。由此，便基本确定了新中国成立之后的发展路线。

1950年2月14日，中苏两国签订了《中苏友好同盟互助条约》，确定了一批苏联援助中国建设的重点项目。1950年为第一批，共50个项目，其中包括

中国邮政于1950年推出的纪念邮票

① 毛泽东文集（第三卷）[M].北京：人民出版社，1994：146-147.

建设一个汽车厂项目，而这个项目就是建设第一汽车制造厂。在此后我国和苏联的数次谈判中，一汽的建设问题都是重点之一。

1953 年 6 月 9 日，毛泽东亲自签发了《中共中央关于力争三年建设长春汽车厂的指示》（以下简称《指示》。党中央专门为了一个汽车厂的建设发布文件，足以说明党和国家对第一汽车制造厂的重视。这份《指示》还通告全国全力支持一汽的建厂，换句话讲，就是要动用一切可动用的资源，投入汽车工业的建设中。

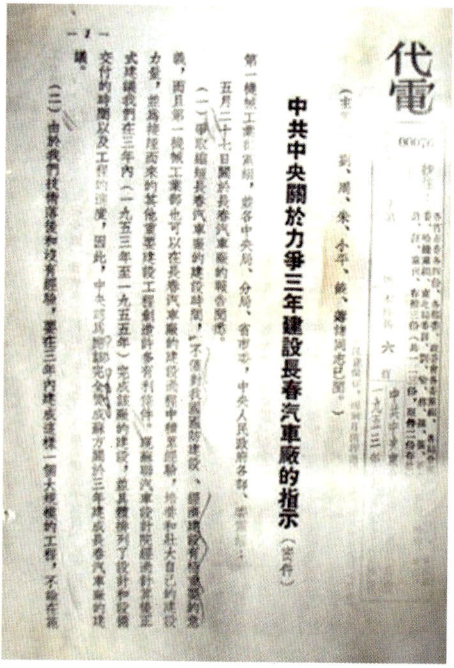
代電

中共中央關於力爭三年建設長春汽車廠的指示（密件）

第一機械工業部黨組，並各中央局、分局、省市委，中央人民政府各部、委黨組：

五月二十七日關於長春汽車廠的報告閱悉。

（一）爭取縮短長春汽車廠的建設時間，不僅對我國國防建設、經濟建設有極重要的意義，而且第一機械工業部也可以在長春汽車廠的建設過程中積累經驗，培養和壯大自己的建設力量，並爲將來的其他重要建設工程創造許多有利條件。現蘇聯汽車設計院經過計算修正式建議我們在三年內（一九五三年至一九五五年）完成該廠的建設，並具體排列了設計和設備交付的時間以及工程的進度，因此，中央認爲應當完全贊成蘇方關於三年建成長春汽車廠的建議。

（二）由於我們技術落後和沒有經驗，要在三年內建成這樣一個大規模的工程，不論在

—1—

《中共中央关于力争三年建设长春汽车厂的指示》部分内容影印件

就中国的汽车工业来说，“一五”期间的主要内容和成果就是建设一汽并且制造解放牌卡车。

1955 年 7 月，《中华人民共和国发展国民经济的第一个五年计划（1953—1957）》（简称“一五”计划）才在一届全国人大二次会议上审议通过。此时“一五”计划早已实施过半。新中国刚刚成立，这样的问题是可以理解的。不过，

在党和政府的统筹下，以发展重工业为中心，边计划、边执行、边修订，干中学、学中干，丝毫没有耽误建设时间。按照计划，五年内的总投资是 766.4 亿元，工业投资占 40.9%。

具体到汽车工业，一汽于 1953 年 7 月 15 日正式奠基动工，1956 年 7 月 13 日正式投产，三年内完成建设，胜利完成了三年建厂的目标。根据《第一汽车制造厂基本建设工程验收鉴定书》①的记录，一汽厂区面积 150 hm²（公顷），建筑工程 52 项，建筑面积 382274 m²。全厂工艺设备 7552 台，其中包括 10 t 的模锻锤，3500 t 的机械压床及 26321 m 的机械化运输带设备和很多专用设备。安装工程共 33 项，工程质量总体上被鉴定为“良”。一汽的整体计划投资总额是 56516.2 万元，截至验收前的实际投资为 59412 万元（表 5-1）。②

表 5-1　一汽基本建设投资明细

类别	建筑工程	安装工程	设备	工具及器具	勘察设计工作	其他	总和
投资额（万元）	21113.8	2324.8	23573	5988.3	1467.1	4945	59412

一汽建成之初，全厂可自制的零件有 1929 种，除钢板弹簧、轮胎钢圈、大梁和保险杠因为设备没有到暂时无法制造外，其余都能实现一汽制造。到 1956 年 8 月底，一汽已成功制造了吉斯 150 型 390 辆，解放牌卡车 143 辆。

一汽基本建设工程的成功验收意味着一汽的建设暂时告一段落，我国花了三年时间终于建成了中国历史上从未有过的汽车厂。中国的汽车工业终于实现了从无到有的突破，一代中国人民的集体梦想终于得以实现。

不论是一汽的建设规模，还是建设速度，都可谓是时代壮举；一是由于基础太差，二是因为规模很大，建设速度很快。

① 1956 年 10 月 6 日，国务院批准成立第一汽车制造厂基本建设工程验收委员会，10 月 14 日批准验收。

② 第一汽车制造厂史志编纂室. 第一汽车制造厂厂志（1950—1986）[M]. 长春：吉林科学技术出版社，1991.

1957 年 6 月 25 日，位于长春的第一汽车制造厂提前 6 个月零 5 天完成第一个五年计划规定的 4000 辆汽车的生产任务（图片来源于新华社）

基础差的问题，不用过多赘述，诸多数据都能佐证这一事实。新中国成立之初，“偏科”严重，工业薄弱，而且整体经济十分落后。我们通过与同时期的日本进行对比，可以明显看出这一特征。1949 年日本粮食总产量是 1780 万吨，中国 11318 万吨；同一年日本粗钢和生铁总产量分别为 311 万吨和 160 万吨，而中国只有 15.8 万吨和 25 万吨（表 5-2）。1952 年，我国的 GDP 总量约为 304.94 亿美元，人均 GDP 约为 54 美元，和经济发达国家相比，简直是天差地别（表 5-3）。

表 5-2　中国与日本粮食、粗钢和生铁产量对比（1949 年）

国家	粮食产量（万吨）	粗钢产量（万吨）	生铁产量（万吨）
中国	11318	15.8	25
日本	1780	311	160

表 5-3　中国与日本、美国的 GDP 数据对比（1952 年）

国家	中国	日本	美国
GDP 总量（亿美元）	304.94	173	3677.28
人均 GDP（美元）	54	201	2343

除此之外，在中国大陆地区潜伏的特务、反动党团等反革命残余势力威胁着内部安定，连年天灾制约着战后重建和发展，一些落后的封建文化思想也在方方面面影响着社会的进步……众多的危机都亟待党中央带领全国人民一道化解。

有关一汽在当时的规模问题，只能做纵向对比，也就是只能和中国本身的实际比。这似乎是一个伪命题，因为一切数据和零做比都不成立，或者结果会变成无限大。一汽当时的规模自然不能被定位成无限大，不过对当时的中国来说，确实足够大。

具体来看，苏联援建时给一汽的规划产能是年产 3 万辆，这和许多先进汽车企业的年产量相比，只能算铢两分寸。比如福特汽车 1949 年全年的汽车销量就有 80.7 万辆。不过，根据重工业部 1950 年在《汽车工业建设计划草案》中的测算，“中国现有汽车总数约在 8 万辆以上，其中三分之二是卡车，三分之一是大小客车”。8 万是当时全中国的汽车总数，是否真有 8 万辆汽车可以上路正常行驶，也未可知，但可以确定当时的中国极度缺乏汽车。另外还可以从新中国成立之初的汽车进口数量来做简单对比。1950—1952 年，三年经济恢复时期的汽车进口总量才 11057 辆（表 5-4）。也就是说，截至“一五”计划之前，全中国的汽车总量都不超过 10 万辆。此后的四年时间里，随着国家经济建设的迫切需求，每年的汽车进口总量都在万台以上。由此可见，3 万辆的年产规模对于“一五”时期的中国来说，已经够大了。

表 5-4　新中国成立初期的进口汽车数量[①]

年份	进口数（辆）	货车（辆）	轿车（辆）
1950	2979	2014	—
1951	6006	4347	—
1952	2072	1801	—
1953	10884	9904	—

① 数据来源：《中国汽车工业专业史·汽车贸易篇》。

续表 5-4

年份	进口数(辆)	货车(辆)	轿车(辆)
1954	16918	14976	1059
1955	15199	19617	1412
1956	11240	4744	1556
1957	2225	1093	40

从 1957 年开始，全国进口汽车的数量锐减至 2225 辆，和一汽的投产是有直接关系的。根据《第一汽车厂历年资料汇集》的记载，一汽在 1957 年的总产量是 7904 辆。[①]国产和进口数据相加，我国当年新增汽车 10129 辆，规模也在万辆以上。

理性地看，建设速度快也是以基础差为前提而言的。基于当时的国情，中央财政委员会原本是规划四年建成一汽，1953 年奠基，1957 年投产。还有部分主管领导对四年的周期持消极态度，认为应该将竣工时间再推迟一些。遗憾的是，这一问题并不完全由我们做主，负责援建的苏联方掌握了大量话语权。一机部在同苏联沟通建设周期这一问题时被告知，苏方的援建工作都是按三年建成部署的，希望中国能集中力量建设这个汽车厂，好让双方的时间进度一致。苏联方明显没有为中国改变部署的打算，如果继续坚持四年建成，就意味着必须考虑设备积压和延聘苏联专家等一系列问题。

对于一汽建设是否提速的问题，中央政治局会议专门进行了讨论，毛泽东、刘少奇、周恩来、朱德、邓小平都在会上一致表示支持一汽三年建成出车。故此，会议结束后，由毛泽东亲自签发了《中共中央关于力争三年建设长春汽车厂的指示》。[②]该《指示》的签发为一汽达成三年建成的目标提供了坚实的基

① 数据来源：汽车工厂设计处工艺室整理的《第一汽车厂历年资料汇集》。

② 张逢时.历史的壮举[M]//全国政协文史和学习委员会.一汽创建发展历程.北京：中国文史出版社，2007.

础。举全国之力支援一个工厂的建设，何其壮观。

1953 年 7 月 15 日，在一汽的奠基典礼大会上，一机部部长黄敬在讲话中指出："我们应该把毛主席的号召，把汽车工厂对祖国的作用、祖国利益、祖国需要摆在最前面，把个人生活问题摆在最后面。""南方来的也好，北方来的也好；天气热也好，天气冷也好；有青菜吃也好，没有青菜吃也好；总之，把汽车厂建设起来是我们全体最光荣的任务，是祖国和人民最需要的工厂。"[①]类似这样的精神动员贯穿在一汽建设的全过程，覆盖所有参与和支持一汽建设的中国人民。人力、交通、通信、物资……一切可调动的资源都优先给了一汽。

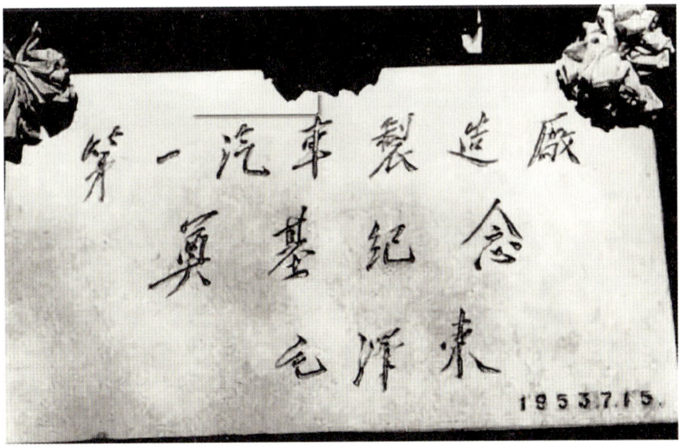

长春第一汽车制造厂的奠基石

正是在这样的背景下，一汽建设才能顺利提速。一汽建设速度之快，反映出国家和人民迫切想要制造汽车的渴望。

诚然，"一五"时期，我国能顺利建成一汽，离不开苏联的大力支援。严格来说，一汽建设是对苏联工业体系的移植。从工厂选址和设计，到设备采购试制，再到人才培养，每个环节都离不开苏联的帮助。一汽的技术标准是参

① 黄敬.加强学习，按期完成建厂任务[M]//全国政协文史和学习委员会.一汽创建发展历程.北京：中国文史出版社，2007.

照当时苏联最先进的斯大林汽车厂；一汽的设备有80%是由苏联提供，其中部分非苏联产的设备也是由苏联帮忙采购；苏联派了180多名行业专家到我国进行指导，接纳了我国518名实习生到苏联学习；据记载，苏联专家在一汽工作期间就方方面面的问题提出了书面和口头建议19903条①，涉及工厂建设和运营的方方面面……这些细节都体现了苏联在那一时期援华建设的诚意和不遗余力。

苏联专家正在指导我国技术人员

苏联的帮助绝对是雪中送炭。美国于1949年联合了英国、法国、德国、土耳其、日本、澳大利亚等17个国家秘密成立了一个叫作“巴黎统筹委员会”的组织（简称“巴统”），限制成员国向社会主义国家出口战略物资和高技术。列入禁运清单的有军事武器装备、尖端技术产品和稀有物资等三大类上万种产品。我国在当时被“巴统”封锁包围，本就捉襟见肘的发展局势更是雪上加霜。正是在这样的背景下，苏联的援建对中国汽车工业，甚至是全国的工业化发展意义重大。苏联对我国的支援包括了从低端、中端到高端的整个工业体系，

① 第一汽车制造厂史志编纂室.第一汽车制造厂厂志（1950—1986）[M].长春：吉林科学技术出版社，1991.

包括钢铁、煤炭、电力、石油、汽车、造船、飞机、生物制药等各个领域。正是这些支援,让中国迈出了工业化发展的第一步。

到1956年,“一五”计划已基本完成规定任务,为我国的工业化建设奠定了初步的基础。1957年全国工业总产值达到783.9亿元,超过原定计划的21%,比1952年增长128.3%,平均每年增长18%。到1957年底,全国铁路通车里程达到29862 km,比1952年增加22%。到1957年底,全国公路通车里程达到25万多公里,比1952年增加1倍(表5-5)。

表5-5 “一五”时期前后的数据对比①

类别	全国工业总产值(亿元)	钢产量(万吨)	原煤产量(亿吨)	发电量(亿度)	GDP总量(亿元)	人均GDP(元)
1952年	343.4	135.1	0.66	72.7	679.1	119
1957年	783.9	535	1.3	193.4	1071.45	168.1

而一汽的建成投产不光解决了我国汽车工业从无到有的问题,也为中国汽车工业的进一步发展储备了大量技术和人才。

① 洪向华.强国之路[M].北京:九州出版社,2010.

6 “二五”时期（1958—1962）汽车工业的主要成果

1956年9月15—27日，中国共产党第八次全国代表大会在北京举行。《关于发展国民经济的第二个五年计划的建议》（1958—1962）就是在党的八大会议上通过的。该《建议》提出了“二五”的基本任务，其中强调：继续进行以重工业为中心的工业建设，推进国民经济的技术改造，建立我国社会主义工业化的巩固基础；加速进行工业的技术改造；在发展基本建设和继续完成社会主义改造的基础上，进一步发展工业、农业和手工业的生产，相应地发展运输业和商业……

此后，由于指导方针的变化，各年度的计划数字不断大幅调整变化，第二个五年计划的正式文件始终没有颁布。

1955年8月，国家计委就开始编制第二个五年计划和十五年远景计划，次年5月向中央提出了“二五”计划和十五年远景计划报告。这一报告指出，从三个年度计划的执行情况和1956年度计划的安排情况来看，第一个五年计划可以争取超额提前完成。事实证明，报告的预测是准确的，我国在“一五”时期的社会主义改造速度远远超过了原计划。故此，报告提出可以进一步加快工农业生产和基本建设速度。[①]报告中的分析有一定根据，也因此出现了趋于冒进的势头。

尽管“一五”时期取得的良好成绩为“二五”开局打好了基础，但后续的规

---

① 靳德行.中华人民共和国史[M].开封：河南大学出版社，2005.

划调整使得“二五”计划的实施发生了巨大波动。“二五”时期实际可被分为两个阶段：1958—1960年，“大跃进”时期；1961—1962年，调整时期。“大跃进”时期对国家经济带来的损失是全局性的，并非两年调整能够完全化解的，所以党中央1963年9月决定，再用3年时间继续进行调整，因此整个调整时期实际上是五年（1961—1965年）。

中共八大二次会议正式通过了“鼓足干劲、力争上游、多快好省地建设社会主义”的总路线，过分强调发挥人的主观能动性，忽视了客观的经济规律。“大跃进”运动由此开启，并迅速蔓延至国家建设的方方面面，特别是严重拖累了农业生产，使得人民的生活水平明显下降。

这段时期是我国经济波动幅度最大的时期，工业产值增长速度最高时达54.8%，最低时是−38.2%。1960年非但没有“跃进”，反而成为新中国成立以来经济负增长最严重、困难最大、人民生活最苦的一年（表6-1）。

表6-1　“大跃进”前后国内工农业产值在国民生产总值中的占比对比①

年份	农业在总产值中的占比	轻工业在总产值中的占比	重工业在总产值中的占比
1957年	43.3%	31.2%	25.5%
1960年	21.8%	26.1%	52.1%
1960年较1957年的增长率	−22.8%	−4.7%	22.3%

虽说三年“大跃进”路线上是错误的，但由于将全国大量的人力、资金、设备、物资都集中到了经济建设和技术革命上，实际还是取得了一些成就的。比如“二五”时期，新增固定资产867亿元，比“一五”时期增加了75%，其中大部分都是头三年完成的；再如，1949—1964年，我国投建的大中型项目有超过2/3是“大跃进”时期开工的；除此之外，对大庆油田的开发，使中国的原油产量由1957年的146万t增加到了1960年的520万t；原子尖端技术也有所突破；北

① 人民教育出版社，课程教材研究所，历史课程教材研究开发中心.高中历史[M].北京：人民教育出版社，2007.

京建成了十大建筑;等等。[①]

这一时期,汽车工业取得的成就也是十分显著的——中国第一次出现了汽车制造业的“百花齐放”。虽然其中多数都属昙花一现,但花开亦留痕,为今后我国汽车工业的真正繁荣积累了不少资源。

当时,商业、银行无条件支持工业“大跃进”。商业提出工业生产什么就收购什么、生产多少就收购多少;银行提出工业生产需要多少资金就贷给多少,什么时候需要什么时候贷给。汽车制造业自然也在被“无条件支持”的范围里。

1959年一机部第六局在作总结时,称1958年是中国汽车工业“大发展的一年”,并形容为“百花齐放,万马奔腾,红旗遍地,卫星满天”。现在看来,这样的总结略显浮夸,但“发展”原本的意义不可否认。据统计,“大跃进”运动开始后,“仅仅几个月内除西藏和宁夏外,各省、自治区、直辖市有上百个厂点,制造出各类汽车达200余种”[②]。不论最终发展如何,那一时期的确诞生了众多的汽车品牌,这在当时被称为“奇迹”。

从制造汽车的单位来讲,除极少数的大型正规汽车制造厂(如长春第一汽车制造厂)外,几乎全部是汽车配件制造企业和汽车保养修理单位,最小的单位只有20多个工人,过去都从未制造过汽车。从制造汽车的设备来说,大多只有几台或十几台本是用来保修的机床,没有图纸,也没有必需的机具设备。就在这样的条件下,在极短的时间里,都制成了各式各样的汽车。[③]从类型上看,涵盖了轿车、客车、越野车和载重汽车,包括3轮、4轮甚至6轮汽车。载重汽车中,核载涵盖了从1.5 t到6 t的各级别;除了有汽油车和柴油车之外,还有纯电动汽车,真可谓琳琅满目,蔚为壮观。

诞生于“大跃进”时期的这些各式各样的汽车,绝大多数都只是昙花一现,

---

① 靳德行.中华人民共和国史[M].开封:河南大学出版社,2005.

② 中国汽车工业史编审委员会.中国汽车工业史(1901—1990)[M].北京:人民交通出版社,1996.

③ 我们是怎样制造汽车的[M].北京:人民交通出版社,1958.

最终能量产的寥寥无几。不过，也有不少汽车对后来中国汽车工业的发展影响深远。比如一汽的红旗牌轿车，后来成了阅兵车，红旗品牌也成为中国最具影响力的汽车品牌之一；南京汽车制配厂以制造跃进牌NJ130载重汽车为契机，于1958年10月正式更名为“南京汽车制造厂”，也就是后来被上汽集团全资收购的南京汽车集团的前身；长安机器制造厂制造的长江牌46型越野车基本都被配给解放军各大部队中，有20辆长江46型还参加了建国十周年阅兵，车辆的全部技术资料后来又都交给了北京汽车制造厂，助力北汽研发制造军用轻型越野车；上海的汽车制造业以此为契机迎来了第一次本土改造，积累下的制造经验为上汽后来成为国内最大的轿车生产厂打下了基础；当时的济南汽车制造厂在经过多年的发展之后，成为现在的中国重汽集团……

南京汽车制造厂正式挂牌

长江牌46型轻型越野车

上海58型越野车

济南汽车制造厂第一辆黄河牌JN150下线

中国汽车制造业在“大跃进”时期的火热，就好像是盛夏里的蒲公英，借着工业建设的风潮，将汽车工业的种子埋在了祖国各地。只待冬去春来，扎根进土地的种子便可以再度发芽、开花，甚至结果，成为中国汽车工业的有生力量。

表 6-2 我国“大跃进”时期制造的部分汽车[①]

车型名	汽车类型	制造单位
东风牌 CA71	轿车	第一汽车制造厂
红旗牌 CA72	轿车	第一汽车制造厂
和平牌汽车	轿车	天津市汽车修理厂
凤凰牌汽车	轿车	上海汽车制造厂
红旗牌电动小轿车	轿车	上海公私合营慎中华汽车配件厂
井冈山牌 CB-1	轿车	北京汽车制造厂
北京牌 CB-4	轿车	北京汽车制造厂
卫星牌微型汽车	轿车	清华大学
灯塔牌汽车	轿车、客车	浙江省宁波区公路运输局汽车制配厂
卫星牌汽车	客车	苏松汽车运输公司上海保修厂
飞跃牌汽车	客车（公共汽车）	沈阳市汽车修配厂
红旗牌汽车	客车、载重汽车	昆明汽车修配厂
火箭牌三轮汽车	客车、载货汽车、牵引半挂车	国营武汉消防机器厂
上游牌三轮汽车	载货汽车	锦州市运输公司汽车修配厂
羊城牌三轮汽车	载货汽车	广州汽车修理厂
黄河牌汽车	1.5 吨载重汽车	包头汽车修配厂
跃进牌 NJ130	2.5 吨载重汽车	南京汽车制配厂
马王牌八一型	3.5 吨载重汽车	贵州汽车制造厂
东方红牌汽车	3.5 吨载重汽车	福州运输机械修造厂
红旗牌汽车	4 吨载重汽车	衡阳汽车修制厂
交通牌 58-1 型	6 吨轮载重汽车	上海市货车修理厂
长征牌汽车	载重汽车	福州军区汽车修理厂
前进牌汽车	载重汽车	山西汽车修造厂
先锋牌载重汽车	载重汽车	广西交通厅汽车配件制造厂
黄河牌 JN220	轻型越野车	济南汽车制造厂
长江牌 46 型	轻型越野指挥车	长安机器制造厂

① 我们是怎样制造汽车的[M].北京：人民交通出版社，1958.

东风牌 CA71

井冈山牌 CB-1

跃进牌 NJ130

交通牌 58-1 型载重汽车

和平牌汽车

红旗牌载重汽车（1）

马王牌八一型载重汽车

飞跃牌公共汽车

工农牌 3 轮和 4 轮汽车

火箭牌 58-71A 型三轮汽车

火箭牌 58-71B 型三轮汽车

火箭牌 58-71C 型三轮汽车

长征牌汽车

黄河牌万能柴油汽车

前进牌载重汽车

东方红牌载重汽车

灯塔牌大客车

灯塔牌轿车

红旗牌载重汽车（2）

卫星牌大客车

上游牌三轮汽车

羊城牌三轮汽车

红旗牌电动小轿车

1958年6月，由上海公私合营慎中华汽车配件厂的20名工人历时20天试制出来

理性地看，再多的昙花一现，也不是真正的繁荣，种类多并不代表产量就一定大。1958年，全国共生产各类汽车16000辆，其中一汽生产了14322辆，占比高达89.51%，其余众多企业加在一起才生产了1100辆（表6-3）。彼时的中国汽车工业的确“遍地开花”，但却还是“一家独大”。[1]这种局面在中国延续

① 中国汽车工业史编审委员会.中国汽车工业史（1901—1990）[M].北京：人民交通出版社，1996.

了有十多年，期间虽然有细微的浮动，但一汽在中国汽车工业中的龙头地位始终未曾动摇。

表 6-3　一汽汽车产量与全国汽车产量数据（1955—1973）[①]

年份	一汽总产量(辆)	全国汽车总产量(辆)	一汽占比
1955	61	61	100.00%
1956	1654	1654	100.00%
1957	7904	7904	100.00%
1958	14322	16000	89.51%
1959	16469	19601	84.02%
1960	17407	22574	77.11%
1961	1146	3589	31.93%
1962	7602	9740	78.05%
1963	17665	20679	85.42%
1964	24251	28062	86.42%
1965	34155	40542	84.25%
1966	46605	55861	83.43%
1967	15068	20381	73.93%
1968	16638	25100	66.29%
1969	37267	53100	70.18%
1970	50303	87166	57.71%
1971	60010	111022	54.05%
1972		108227	
1973	58005	116193	49.92%

① 1972 年一汽总产量，无相关数据。

1960 年 9 月，中央提出了国民经济“调整、巩固、充实、提高”的八字方针。“二五”计划进入调整时期，全国的经济建设在困境中逐渐重启。60 年代初期，全国不仅要面对“大跃进”带来的经济困难，还要面临多年自然灾害带来的民生问题，以及苏联政府撕毁援助中国经济建设合同的国际关系问题。

经济的大衰退以及调整时期的政策指导直接导致了 1961 年全国汽车产量的滑坡。一汽在 1961 年只生产了 1146 辆汽车，不到上一年的十分之一。各地的汽车制造热潮瞬间降温，全国绝大多数的汽车制造单位都停产或者解散。到 1963 年，只剩下汽车制造厂 18 家，改装车厂 45 家。[①]其中，就包括北京汽车制造厂。

中苏关系的恶化让我国军用指挥车的来源成了大问题。在这样的大背景下，中央军委发出指示：一定要尽快开发制造出部队装备用车，以满足国防建设的需要。中国人民解放军总参谋部明确提出：部队迫切需要的是军用指挥车，并具备牵引轻型火炮、防化、无线电通讯等使用功能。北汽承接了这一任务[②]，并在整个“二五”计划的调整时期和三年调整期里，一刻不停地试制国家迫切需要的军用指挥车。

经过多次设计改进，这款轻型越野车最终于 1966 年 5 月 5 日被正式批准定型并投入量产。当年，这款车的产量就有 532 辆。这款车就是大名鼎鼎的北京牌 BJ212 型。严格意义上来说，BJ212 是中国汽车工业在国民经济调整时期最重要的成果。

“二五”时期，多重因素的叠加导致国民经济起伏波动巨大。历经 1961—1965 年长达 5 年的调整，经济建设终于回归正轨，汽车工业的发展也逐步走

① 中国汽车工业史编审委员会.中国汽车工业史(1901—1990)[M].北京：人民交通出版社，1996.

② 1960 年 12 月，中国人民解放军总参谋部呈报时任副总理李富春同志，建议以成功研制轿车的北京汽车制造厂为基地，自行设计一种全新的军用指挥车。国防部国防科学技术委员会于 1961 年 1 月批准了这一建议。

上正轨。1965 年，全国的汽车产量已经达到 40542 辆，相比“一五”末的 7904 辆，增长了 413%，年均增长率是 51.6%。总体来看，我国的汽车工业还是处在高速发展的阶段。此时一汽在全国汽车产量中的贡献率仍然高达 84.25%，一汽一家独大的局面依然没有改变。

不过，历经了“大跃进”的百花齐放和调整时期的平稳过渡后，上汽、北汽、济汽、南汽等相对有实力的汽车生产单位拥有了持续的生命力。中国汽车工业在“三五”前呈现出了十分明显的“一大四小”格局。“一大”就是一汽所在的长春，“四小”是指南京、上海、北京和济南。

截至 1965 年底，全国民用汽车保有量近 29 万辆，其中国产汽车 17 万辆，一汽的累计贡献是 15 万辆。1966 年之前，全国汽车工业总投资累计 11 亿元，年生产能力近 6 万辆，覆盖 9 个车型品种。

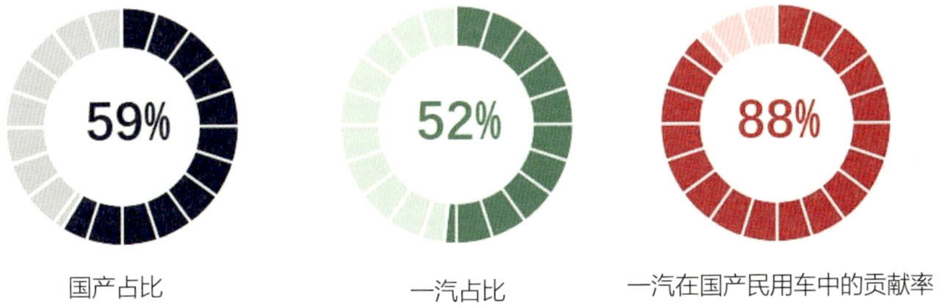

1965 年我国民用汽车的构成比例

7 “三五”时期（1966—1970）汽车工业的主要成果

编制第三个五年计划之前，中国和周边地区的局势已经变得十分紧张。美国在越南战争中采取了扩大战争的步骤，战火烧到了我国的南大门；北方，中苏边境冲突不断加剧；东南沿海，美国侵占着中国领土台湾和台湾海峡，并支持国民党武装袭扰大陆；西南方向，自 1962 年中印边界自卫反击战之后，中印双方就一直处于军事对峙的状态。

面对如此紧张的国防局势，编制“三五”计划就必须要重点考虑如何加强国防，全国的工业建设都需要从备战角度重新布局。

有关这一问题，军委总参谋部于 1964 年 4 月 25 日提出了一份《关于国家经济建设如何防备敌人突然袭击的报告》。报告认为，我国工业布局过于集中，大城市人口多，主要铁路枢纽、桥梁和港口多集中在大城市及其附近，容易遭到破坏，所有水库的紧急泄水能力都很小。基于对这一问题和国情的思考，毛泽东在次年 6 月听取“三五”计划和长远计划问题的汇报时提出了“备战、备荒、为人民”的指导方针。①

1965 年 7 月 21 日，国家计委向国务院作了有关“三五”计划的汇报。汇报中提出：“三五”计划实质上是一个以国防建设为中心的备战计划，要从准备应付帝国主义早打、大打出发，把国防建设放在第一位，抢时间把三线建设

① 中共中央文献研究室.毛泽东传(1949—1976)(下)[M].北京：中央文献出版社，2003.

成具有一定规模的战略大后方。

由此，“三五”计划的主基调基本被锁定在了“三线建设”上。

“三线建设”是中国特有的历史学词语，我们现在已经可以在很多资料上看到这个名词了，但在20世纪70年代还算是一个保密名词。

所谓“三线”，是指当时经济相对发达且处于国防前线的沿边沿海地区向内地收缩划分的三道线。一线地区指位于沿边沿海的前线地区；二线地区指一线地区与京广铁路之间的安徽、江西及河北、河南、湖北、湖南四省的东半部；三线地区指长城以南、广东韶关以北、京广铁路以西、甘肃乌鞘岭以东的广大地区，主要包括四川（含重庆）、贵州、云南、陕西、甘肃、宁夏、青海等省区以及山西、河北、河南、湖南、湖北、广西、广东等省区的部分地区，其中西南的川、贵、云和西北的陕、甘、宁、青俗称为“大三线”，一、二线地区的腹地俗称为“小三线”。

1964—1980年的16年中，我国投入了2052.68亿元用于三线地区的基本建设，约占全国总投入的四成。根据记载，有400万工人、干部、知识分子、解放军官兵和成千万人次的民工来到三线地区支援建设。

三线建设工地（1）

三线建设工地（2）

三线建设工地（3）

“三线建设要抓紧”的口号在建设现场十分常见

如今很多影视作品的拍摄背景都是三线建设，比如《青红》《山楂树之恋》和《二十四城记》等。老百姓曾经都很熟悉的长虹电视机和风帆蓄电池，就是三线建设的产物。还有很多我们现在十分熟悉的大中企业、工厂、机构也是三线建设的成果，比如攀枝花钢铁集团、酒泉卫星发射中心、西昌卫星城、葛洲坝水电站等。

三线建设的实质是大规模的基础建设，但核心是战备，所以这一时期的汽车制造规划也以军用运输车辆为主，其中尤以重型车为主。生产红岩牌的四川汽车制造厂、生产东风牌的第二汽车制造厂、生产延安牌的陕西汽车制造厂（简称陕汽）等，都是三线建设的直接产物。

1965 年 10 月 1 日，四川汽车制造厂正式破土动工

1968 年，正在建设中的陕西汽车齿轮厂

1969 年 9 月 28 日，第二汽车制造厂大规模施工建设在十堰拉开序幕

当时国内的汽车供需矛盾仍然十分突出，即便是不在三线范围内的地区，仍然在积极开展汽车制造。虽然规模受到限制，却也掀起了新一轮高潮。中央倡导“发挥中央和地方的两个积极性”“建立完整的国民经济体系”，全国许多地方都以“大会战”的形式组织汽车生产。即便受到了“文化大革命”的冲击，这一热潮仍然一直延续到了改革开放前夕。

根据《中国汽车工业史（1901—1990）》记载，到1976年末，汽车企业总数达到1950个，其中整车厂53家，专用车、改装车厂166家。到1980年，全国汽车生产厂家仍有73家。

和“大跃进”时期的情形不一样，伴随三线建设，“三五”期间全国汽车制造的普及面更广。1963年以后，各地的汽车厂逐渐确立了自己的主打产品，发展出了几个规模相对较大的生产基地，“一大四小”的格局得到进一步发展。

长春以第一汽车制造厂为核心，生产以解放牌CA10为主的4 t载重汽车；南京以南京汽车制造厂为核心，主要生产轻型载重汽车，以跃进牌NJ130为主；济南以济南汽车制造厂为核心，主要生产重型载重汽车，以8 t黄河牌JN150为代表；上海的代表产品是上海58-Ⅰ型三轮载货汽车和上海牌SH760轿车；北京主要生产轻型越野车，也就是北汽的北京牌BJ212，主要供应部队。

1966年，正当国民经济的调整基本完成，国家开始执行“三五”计划的时候，“文化大革命”爆发了，严重拖延了三线建设的进度。

比如二汽的创建花了近十年的时间，和一汽三年建成投产形成鲜明的对比。造反派不顾工厂建设的客观规律，一味强调“艰苦奋斗、自力更生”，大闹“设计革命”，把20多亿的建设资金压缩到9个多亿。这直接导致大量的工程建设不合格，需要返工，耽误了建设进程，期间赶制出来的产品也存在很多问题，根本无法投入使用。当时还存在着诸多问题，严重影响了二汽的建设。再如，陕西汽车制造厂1969年就开始动工建设了，直到1978年3月才由一机部正式批准验收投产；四川汽车制造厂建设期间发生过武斗，投产后产量也十分低，1970—1975年六年时间里只生产了375辆汽车，和最初的计划规模相差甚远。

全国绝大多数汽车制造厂都遭受着类似的冲击。再如当时实力最强大的一汽，1967 年的产量出现了大幅度的下滑，持续到 1969 年才略有恢复。此后一汽的产量虽然有所增长，但整体的产品质量却大幅下滑。

三线建设和“文化大革命”对“三五”时期的中国汽车工业带来了决定性的影响。一方面，“一大四小”在“三五”期间得到进一步的发展，天津、沈阳、武汉等地也燃起了星星之火；另一方面，“文化大革命”严重打乱了国家经济建设的步伐，干扰了我国汽车工业进一步的健康发展。

正是在这样复杂的背景下，我国的汽车工业在“三五”时期艰难地发展着。

前文提到，三线建设中，汽车工业部分主要的成果包括第二汽车制造厂、四川汽车制造厂和陕西汽车制造厂。这三家工厂，全都是在“三五”时期开始动工建设的。

三线地区工业底子差，几乎都是从零开始，为了更好更快地完成三线建设，国家安排老厂带新厂，“一大四小”包建和支援三线厂。

川汽 1966 年 3 月正式动工，二汽 1966 年 11 月动工，陕汽 1969 年 9 月正式动工。

几家工厂的包建工作都由一机部和汽车局统一规划并下达包建任务。比如二汽的包建任务中，一汽包建发动机厂、车桥厂、底盘零件厂、车身厂、车架厂、车轮厂等 11 个专业厂和热处理、电镀两个系统；上海、武汉、南京等地的部分工厂分别包建部分工厂；二汽自建 6 个技术后方厂和 1 个木材加工厂。再如陕汽的包建任务中，北京汽车制造厂包建陕西汽车制造厂主生产线，也是主要包建单位；北京汽车齿轮厂包建陕西汽车齿轮厂；杭州汽车发动机厂（简称杭发）和南京汽车厂发动机分厂包建陕西汽车制造发动机厂；由北汽、南汽、济汽、杭发、长春汽车研究所和国防科工委 12 院的工程技术人员组成联合设计组，负责车型的设计和开发。

就车型而言,“三五”期间的造车热潮也催生了不少国家当时急需的非国防类汽车。

60年代中后期,国家提出“大打矿山之仗”的决策,需要大量的矿用自卸车。为此,上海试制成功了32 t SH380型矿用自卸车,天津、常州分别试制出了15 t矿用自卸车,甘肃白银试制了42 t电动矿用自卸车,北京试制了20 t矿用自卸车……虽然产量都不大,却也算是自卸车领域的百花齐放,缓解了当时采矿生产装备短缺的问题。

SH380型矿用自卸车

经济发展对重型载货汽车是有很大需求的,济汽扩大了黄河牌8 t重型载货汽车的生产能力,安徽淝河、黑龙江、湖南等地也开始生产8 t重型载货汽车。邢台试制了长征牌12 t重型载货汽车,上海试制了15 t重型载货汽车……除此之外,缺乏自主研发能力的地方汽车制造企业,从“三五”时期开始,也通过仿制国产车型加入了汽车制造的队伍。据粗略统计,仿制解放牌车型的企业有20多家,仿制跃进牌车型的有近20家,仿制北京BJ130车型的有20多家,仿制北京BJ212越野车的也有近10家。

“三五”计划结束时,全国汽车总产量达到了87166辆,达当时的历史最高。一汽的产量也达到了当时历史最高的50303辆，但在全国的占比已经缩减到了57.71%。这说明“三五”时期，全国范围的造车热潮极大地促进了全国汽车产量增长，一家独大的局面已经逐步被改变。

除了在数量上的成就之外，“三五”期间还有一些成就值得一提。

非三线地区的军备汽车制造方面，洛阳第一拖拉机制造厂665分厂研制的东方红牌LT665于1966年试制成功，1970年正式投产。东方红牌LT665填补了我国自行研制生产重型军用越野车的空白。

在乘用车制造方面，一汽和上汽都收获了不少成果。

一汽在“三五”时期对红旗轿车进行了升级，推出了CA770及该系列的豪华轿车。

红旗CA770是三排座轿车，1965年9月19日第一次试制成功，主要用作在北京的中央领导的专车。

红旗CA770

红旗CA771是CA770的衍生车型之一，确切地说是减配版的CA770，座椅由三排改成了两排，于1967年4月研制成功，主要使用对象是省级、部级和军区领导。

红旗 CA771

红旗 CA772 是防弹版的 CA770，也被称为“保险车”，1969 年 4 月试制成功。车身采用 4～6 mm 的防弹装甲，防弹玻璃厚 65 mm，轮胎在被子弹击中之后仍然可以继续行驶 100 km，是典型的防爆胎。红旗 CA772 整车重 4930 kg，搭载 8.0 L V8 发动机，最高时速 130 km/h。

红旗 CA772

红旗CA773 是CA770 的短轴版衍生车型，于 1968 年 12 月试制成功。CA773 保留了三排座椅，但取消了中隔墙，缩短了前悬和后行李厢，车身全长 5.5 m，比 CA770 减少了 400 mm。

红旗 CA773

“文化大革命”对红旗轿车的生产制造造成了巨大的影响，1966 年以后，红旗轿车的产量连续两年下跌。随着几款减配版车型的试制成功，红旗轿车的产量略有恢复，但是到“三五”末期，红旗轿车的产量依然不足“三五”初期的二分之一。不过，红旗 CA770 及系列豪华轿车的试制过程中，融入了大量的自主设计和研发成果，算是一汽在自主开发能力方面交出了一份不错的答卷。

表 7-1　红旗牌轿车“三五”时期历年的产量①

年份	红旗轿车的产量（辆）
1966	82
1967	33
1968	22
1969	25
1970	40
合计	202

① 第一汽车制造厂史志编纂室.第一汽车制造厂厂志（1950—1986）[M].长春：吉林科学技术出版社，1991.

上海汽车制造厂的上海牌 SH760 在“三五”初期就开始投入生产。作为全国除红旗以外唯一的量产轿车，SH760 的定位比红旗低，自然更接地气。当时红旗是副总理以上级别的领导的专座，其他级别的干部只能坐比较老旧的进口汽车。SH760 的量产很好地填补了这一空白，因此大受欢迎。受“文化大革命”影响，“三五”时期 SH760 的产量并不高。一进入“四五”时期，这一情况就彻底改变了，上海牌轿车很快成为我国产量最大的国产轿车。

行驶在街头的上海牌 SH760

在技术积累方面，天津动力机厂在“三五”时期仿制出了转子发动机，实属不易。1969 年 11 月，天津市货车修理厂试制出了搭载这款国产转子发动机的载重汽车 TJ140。这是天津汽车制造史上十分具有象征意义的成果，因为 TJ140 是全球第一台搭载转子发动机的载重汽车。资料显示，TJ140 于 1969 年 11 月试制成功，1971 年便停产了，总共只生产了 40 辆。TJ140 的发动机排量是 2.2 L，最高时速可达 140 km/h。试制成功后，这款车还进行了满载状态下由天津到郑州，再到成都、拉萨的道路测试。在唐古拉山，还专门与美国道奇品牌旗下的同类型货车做了对比测试，各项指数均不低于道奇。

图中的货车即为 TJ140

“三五” 时期，大环境对我国汽车工业的发展并不友好。不过，不论是工业基建、产品研发，还是技术积累，我国的汽车工业在“三五”时期都取得了不错的成绩，虽不能说是硕果累累，但也为“四五”的开局打下了基础。

8 “四五”时期（1971—1975）汽车工业的主要成果

1970 年 2 月 15 日—3 月 21 日，中共中央召开全国计划会议，着手制定 1970 年国民经济计划并编制第四个五年计划。此时，国民经济相比“文化大革命”的前几年有了部分回升。1969 年，全国的汽车产量是 53100 辆，基本恢复到了“三五”计划初期的水平①。“四五”计划的主要任务是：集中力量建设大三线强大的战略后方；加速农业机械化的进程；狠抓钢铁、军工、基础工业和交通运输的建设；大力发展新技术，赶超世界先进水平。

“四五”时期，无论是国际环境还是国内环境与“三五”计划实施时期相比都有一定的变化。

国际上，美苏冷战格局发生变化，美国由于深陷越战泥潭，在冷战中处于守势，而苏联则迅速扩展其军事力量，处于攻势。在这种国际新形势下，中国开始调整外交策略，加快了与美国的接触。1972 年 2 月，美国总统尼克松访华标志着中美关系发生转折，中国与资本主义阵营的敌对状态大为缓解。同时中苏关系在 70 年代初期也有一定缓解，战争危险开始出现和平转机，中国的战备活动走向缓和。

在国内，“文化大革命”继续进行，政治斗争严重影响着经济建设，正常的经济秩序被打乱。

---

① 1966 年，全国的汽车产量是 55861 辆。

1973 年，中共中央两次修改“四五”计划的高指标，逐步调整了以战备为中心的战略，开始强调经济效益，注意沿海和“三线”地区并重，大规模的“三线”建设进入收尾阶段。经过 1975 年邓小平主持的整顿工作，“四五”计划得到了基本完成。

“四五”期间，我国汽车工业的发展主要分为两个阶段。大抵以 1973 年为界限，前半段依然是以战备为中心的“三五”计划的延续，下半段更加注重汽车对经济建设的贡献和帮助。

在战备问题上，“四五”时期的成果可圈可点。除二汽的东风 EQ240 之外，东方红牌 LT665、红岩牌 CQ261、延安牌 SX250 和黄河牌 JN252 四款重型军用越野车都取得了重要的进展，在很大程度上缓解了我国“有炮无车”的局面。

1970—1972 年，二汽的建设出现了严重的问题，建设进度被完全打乱。直到 1973 年，国务院领导专门接待了饶斌等二汽负责人，并主持召开了“二汽工程质量和加速建设问题座谈会”，二汽的建设才逐步恢复到正轨。1975 年 7 月 1 日，二汽终于在“四五”末期正式建成投产。二汽的主要产品是 2.5 t 军用越野车，代号 25Y，也就是后来的 EQ240。“三五”末期，二汽在不具备投产的条

1975 年 7 月 1 日，第二汽车制造厂 2.5 t 越野车 EQ240 正式下线

饶斌厂长驾驶第一辆车驶出生产线

件下被强制要求生产500辆EQ240,最终也是靠着锤子、榔头等工具,敲敲打打拼凑出了第一批EQ240样车。1971年,EQ240总装配线才正式竣工,二汽的造车工作终于在“四五”时期走上了正轨。技术小组经过数年攻关会战,共解决了104项关键质量问题,涉及修改零部件900多个。1975年,东风牌EQ240越野车正式定型并投入量产,次年进入我军装备体系服役。在之后的对越作战中,东风牌EQ240表现卓越。据说,在整个战役中,没有一辆EQ240因为质量问题出现事故,也因此被前线的战士们誉为功臣车、英雄车。

东方红牌LT665在“三五”末期就已经正式定型投产了,由洛阳第一拖拉机制造厂665分厂研制,“四五”期间开始规模生产。

东方红牌LT665

四川汽车制造厂1968年将红岩牌CQ260改型为CQ261。CQ261的性能优于CQ260,在不少战役中都立下了汗马功劳。特别是在1984年的对越反击战老山战役中,因为老山战场山高路陡,战场急需的重型装备如炮弹和火炮等都无法顺利送到战场。关键时刻,红岩CQ261承担了运输任务,在重重炮火中把重型装备送到了老山战场,为我军取得胜利提供了有力保障。因此,红岩牌军车后来被部队官兵称为“红岩神炮”,并专门为此立下了纪念碑。

红岩 CQ261

延安牌 SX250 由陕西汽车制造厂研制和生产，1968 年 12 月就试制了第一辆样车，直到 1973 年 12 月才被批准定型投入生产。延安牌 SX250 是我国第一款，也是唯一一款开进中南海的重型军用越野车①，还在 1978 年获得了全国科学大会奖。

延安牌 SX250

① 陕汽退休职工司颖申曾回忆道，1975 年 5 月，国务院副总理李先念看到了《一机部情况反映》刊登的一篇名为《我国自行设计的五吨军用越野车已胜利制成并定型》的消息，随后便批示："很好的消息，请一机部再写份材料，年产多少？哪些条件设备不具备，将来前景如何？"很快，一机部的材料便递到了李先念副总理的手里，他看过材料后作了重要批示："有炮无车也白搭，我们就是需要这样的越野汽车……"并要求亲自看一看该车。6 月 13 日，一机部正式通知陕汽，"李、谷二位副总理定于 6 月 17 日在京观看'延安'五吨车，速派人来，勿误！"

面对“有炮无车”的问题，济南汽车制造厂一直专注于重型军用越野车的制造。黄河牌 JN252 也是济汽为解决这一问题研制的。1966 年，一机部曾在北京组织召开了由一汽、二汽、南汽和陕汽等车厂参加的越野车会议。会议的主要议题就是要求研发和立项多款中、重型军用越野卡车。此时，北汽的 BJ212 轻型越野指挥车已经开始量产，一汽的 5 t 解放 CA-30A 系列越野卡车已经进入部队服役，二汽还在选址，南汽的 2.5 t NJ130 系列卡车也已经量产。载荷 5～10 t 级的重型载重越野车的制造任务仍无厂认领，而 DF-3 系列中程地对地导弹的研发已经进入尾声。“有弹无车”的问题已经火烧眉毛，济南汽车制造厂正是在这样的背景下承担了为我军研发 8×8 全轮驱动重型载具的重任。“三五”期间，济汽赶制出了载荷 3.5～4 t 的黄河牌 JN251，因为核载还是太小，只能算是应急方案。此后还制造了黄河牌 JN253 作为另一款应急车，总量只有 156 辆，先解决部队的燃眉之急。“四五”期间，济汽集中精力研制黄河牌 JN252，于 1971 年路试，并在 1976 年成功定型[①]。

黄河牌 JN252

① 1976 年 4 月由一机部、七机部、国防科委、二炮在济南召开鉴定会，JN252 从此基本定型。

“四五”时期进入下半段，汽车工业转型于服务国家经济发展。最典型的表现就是轻卡开始批量生产，并且逐步风靡全国。北京第二汽车制造厂（简称北二汽）的贡献最为突出，BJ130 是众多轻卡的原型车。

1966 年，北京第二汽车制造厂的前身——北京市汽车修配厂二分厂试制了首批 BJ130 两台，最大核载 2 t。后来经过两年时间的改进，BJ130 终于第一次定型，并开始小批量生产。之后经过不断的优化，至 1973 年，BJ130 第二次定型，并开始大批量生产。此时，北京市汽车修配厂二分厂已经更名为北京市二里沟汽车制造厂。

当时，迫切的经济建设形势下全国对轻卡有旺盛的需求，国家鼓励全国没有自主研发能力的汽车厂仿制 BJ130[①]。当时只要有一机部的介绍信，全国具有汽车生产能力的企业都可以免费向北二汽索取全套的 BJ130 图纸。这样一来，全国可以根据北二汽的图纸做出产品的企业逐渐发展到 20 多家。史料中可以看到的“西安 130”“福建 130”“天津 130”等，其实都是 BJ130。

BJ130

① 1975 年，北京第二汽车制造厂（1976 年更名，当时还叫北京市二里沟汽车制造厂）的 BJ130 轻型载重汽车，在长沙、长春、郑州、上海、成都、天津、河北、广州等 47 个轻型汽车及零部件生产企业参加的 130 汽车经验交流会上，得到了一机部汽车局的肯定，并要求全国 2 t 级轻型载货汽车统一按北京 BJ130 的设计图纸进行生产。

在用途上，BJ130 还被开发成道路工程车、绿化喷灌车、洒水车、电力工程车、消防车等特种车和专用车。一时间，BJ130 成为国内民用市场需求最旺盛的车型，甚至可以被称为国民经济发展的支柱车型。到“四五”末期，BJ130 已经成为全国产量最大的轻型货车。

“四五”时期，无论是像二汽一样的“三线”企业，还是像济汽、北二汽一样的非三线企业，都在汽车制造过程中充分发挥了“自主研发”精神，融入了更多自主成果。在由以国防建设为主向以经济建设为主的转轨过程中，各大车厂各司其职，集中精力攻关试制的汽车产品弥补了部分中国汽车工业的空白，更深层的意义还在于为中国建立独立的汽车工业体系奠定了基础。

长沙芙蓉 FR130B 型客货车

9 “五五”时期（1976—1980）汽车工业的主要成果

“五五”计划没有正式单独编制，是和最初的“六五”计划编在一起的，也就是《1976—1985 年发展国民经济十年规划纲要（草案）》（以下简称《纲要》）。1975 年 12 月，中共中央政治局审议通过了《纲要》，决定试行一年再做进一步修订。1978 年 2 月 26 日—3 月 5 日，第五届全国人大一次会议召开，会议审议批准了修订之后的《1976—1985 年发展国民经济十年规划纲要（草案）》。

《纲要》围绕周恩来总理提出的本世纪内全面实现现代化的中心任务[①]，确定了“五五”期间发展国民经济的奋斗目标：到 1980 年，建成中国独立的、比较完善的工业体系和国民经济体系。

相比“四五”时期，“五五”计划实施期间的国际国内形势都有所好转。

国际上，美国作为资本主义阵营中超级大国的地位开始发生动摇，日本与西欧的经济实力不断上升，并开始挑战美国的霸权地位。20 世纪 70 年代到 80 年代，美苏从 60 年代的冷战共处过渡到美苏缓和中的激烈争夺态势。在这一时期，国际上的全球化联系增强，世界开始向多元化发展。总体来说，中国所面临的国际形势确有好转。

在国内，“五五”计划实施前期中国处于“文化大革命”最后的困难时期，

① 1975 年 1 月 13 日，国务院总理周恩来在第四届全国人民代表大会第一次会议上作《政府工作报告》时提出：“我国国民经济的发展，可以按两步来设想：第一步，在 1980 年以前，建立一个独立的比较完善的工业体系和国民经济体系；第二步，在本世纪内，全面实现农业、工业、国防和科学技术的现代化，使我国国民经济走在世界前列。”

1976 年，随着几位重要领导人相继去世以及唐山大地震等自然灾害的影响，我国经济社会面临很大困难。但是此后随着“四人帮”被粉碎，长达十年的“文化大革命”结束，社会经济秩序逐渐恢复正常。1978 年，随着党的十一届三中全会的召开以及改革开放的开始，我国国民经济发展进入了新篇章。

整个“五五”时期，我国的汽车工业都维持在相对稳定的水平，汽车产量虽然略有上升，但总量依然不大。“五五”末期，全国的汽车总产量是 222288 辆，比“四五”末期的 139800 辆增长了 59%，年平均增长率达到 11.8%（表 9-1）。

表 9-1　1975—1980 历年汽车产量及分类型产量数据①

年份	汽车总产量（辆）	载货汽车（辆）	越野汽车（辆）	轿车（辆）	轿车占比
1975 年	139800	105103	30791	1918	1.37%
1976 年	135200	102849	27352	2611	1.93%
1977 年	125400	99460	21842	2330	1.86%
1978 年	149062	125073	19382	2640	1.77%
1979 年	185700	154086	24355	4152	2.24%
1980 年	222288	183853	28034	5418	2.44%

“五五”时期的汽车产量总体增速较快，主要是由于三线建设的几个汽车项目到这一时期已经全部完成建设并定型投产，全国的总体产能明显提升。加上逐步稳定下来的国际国内形势，使包括汽车在内的工业生产逐步都走上了正轨。

“五五”时期的汽车总产量始终不高，轿车占比低，暴露出我国汽车工业“偏科”严重、发展落后的问题。当时汽车工业的发展已经遭遇瓶颈，一方面是因为长期的闭门造车，技术、设计、工艺和体系都早已落后于国外的汽车工业，另一方面是因为整个国民经济的比例严重失调，管理混乱，发展受限。

“五五”时期是我国国民经济的探索改革和初步调整阶段，汽车工业的发展也在这一时期积极探索，为进一步发展奠定了基础。十一届三中全会前后，

① 数据来源于《1988 年中国汽车工业年鉴》。

中共中央在总结了30多年国内经济建设和对外关系的历史经验，研究了国际形势之后，提出了“对外开放”的战略决策。1978年12月，中共十一届三中全会明确提出了大力发展中国对外经济关系，实行对外开放政策，要求“在自力更生的基础上积极发展同世界各国平等互利的经济合作，努力采用世界先进技术和先进设备”。①

在这一政策的指导下，“五五”时期，我国就汽车工业发展的问题多次对外交流，为全面进入合资时代积累了大量的成果。尤其是与日本、美国这两个汽车强国建立起的外交关系，对我国汽车工业的发展大有裨益。

1.中日

1978年8月12日，《中日和平友好条约》在北京签订。就在两个月前，1978年6月，第一汽车制造厂厂长刘守华和副厂长李刚带队考察了日本汽车工业。此次考察得到了三菱汽车社长久保富夫等人的协助，1977年他曾带领由日本的11家汽车公司组成的访问团参观了一汽、上汽和北汽。一汽20人的考察团在日本考察了半年，其中在丰田公司就考察了一个半月。考察团对丰田的汽车生产线进行了全面的学习，考察结束后还向丰田提出对一汽

1978年10月24日，邓小平在日本座间市参观日产汽车生产线

① 中共中央文献研究室.三中全会以来重要文献选编(下)[M].北京:人民出版社,1982.

制造厂进行工厂技术验证的请求。同样是在1978年，丰田公司与北京汽车工业公司进行磋商，丰田希望以CKD形式生产科罗娜(Corona)轿车，中日双方达成合作意向后还签订了合资协议。不过，因为当时中国外汇储备不足，最终科罗娜轿车项目没能获批。

在《中日和平友好条约》签订两个月后，1978年10月，邓小平应日本政府邀请抵达东京，对日本进行正式友好访问并出席互换《中日和平友好条约批准书》仪式。访日期间，邓小平参观了松下电器、新日铁和日产汽车三家日本企业的工厂。在参观日产座间工厂后，邓小平说："来到这里，我明白了什么是现代化、近代化。感谢工业发达国家尤其是日本产业界对我们的协助。"

2.中美

1979年1月1日，中美正式建立外交关系。

福特汽车率先向中国出口了750辆F系列卡车，这是自1949年新中国成立以来，美国汽车第一次正式进入中国销售。

1979年1月16日，在著名华人企业家沈坚白的引荐下，北京汽车制造厂与美国汽车公司就合资经营问题进行了初次接触。此后经过长达四年的谈判，北京吉普成为我国第一个合资汽车项目。

1979年3月21日，由饶斌带队，第一机械工业部专程到美国与通用汽车公司开展有关在上海合资经营的谈判。虽然通用最终否定了合作建议，不过积极地对外交流让企业看到了我国对外开放的诚意和决心。

其实，有关"合资"一事，并不是我们一开始的既定路线，也是交流学习来的。

1978年，国家决定在上海建一条轿车组装线。当时的上海市副市长陈锦华和一机部副部长饶斌写了报告给中央，想利用外资改造上海牌轿车。一机部向当时国际著名汽车企业几乎都发了邀请，像福特、通用、日产、丰田、雷诺、雪铁龙、奔驰、大众等，都在被邀请之列。

1978年10月21日，通用董事长汤姆斯·墨菲带着访问团来到中国。通用方在和中方讨论重型卡车技术引进项目时，墨菲向我方提出了一个问题：“你们为什么只同我们谈技术引进，而不谈合资经营(Joint venture)？”他用到了“Joint venture”，当时我方只知道这个词组代表了共担风险的意思，但并不明白它的确切含义。墨菲让工作人员详细介绍了“Joint venture”，意思就是双方共同投资、“合资经营”企业。墨菲还补充道：“合资经营就是把我们的钱包放在一起，合资共同办个企业，要赚一起赚，要赔一起赔，是一种互利的合作方式。再说得通俗一点，合资经营就好比‘结婚’，建立一个共同的‘家庭’。”我方代表一方面觉得这很新鲜，另外也觉得这明显不合适——社会主义和资本主义怎么能够“结婚”呢？参与谈判的李岚清就回忆说：他说得有道理，但情感上接受不了。

代表团如实把这一情况写进了简报，并上报给了国务院引进办公室。分管对外经贸的副总理谷牧看到简报后，认为很重要，立即批请中央政治局和国务院领导传阅。邓小平阅后不但画了圈，还在简报中写下了“合资经营可以办”的重要批示。正是这一批示，让“合资经营”得到认可，从业者的思想也终于得到“解放”。

1978年11月9日，时任国家计委副主任顾明请示邓小平，轿车项目是否能中外合资经营。邓小平说：“可以，不但轿车可以，重型汽车也可以嘛。”这算是得到了“轿车合资”的具体指示和批准。

更加具有标志性的事件是1979年7月1日，第五届全国人民代表大会第二次会议通过了《中华人民共和国中外合资经营企业法》(简称《合资企业法》)。《合资企业法》于同年7月8日正式施行，标志着我国正式打开了对外国汽车企业开放合资的大门。

“五五”时期，除了合资路线的摸索与确立以外，我国汽车的进出口数量都发生了明显改变。“五五”末期的汽车进口总量是“五五”初期的2.8倍。而且随着改革开放的推进，国内对轿车需求急剧上升，在无法自给的前提下，轿车的进口数量在1980年出现了爆发式的增长(表9-2)。

表 9-2 1976—1980 年全国汽车进出口量（分车型）（辆）①

年份	进口			出口		
	合计	载货车	轿车	合计	载货车	轿车
1976	18248	12923	—	682	338	—
1977	15993	10640	52	2504	1309	—
1978	25367	15232	3	1004	—	—
1979	32226	16228	667	160	—	—
1980	51083	26101	19570	99	79	—

通过对“五五”时期的汽车进口总量和国产总量进行对比可以发现，汽车进口量的总体增速是要大于国产汽车的，这说明在改革开放初期，我国的经济发展对汽车的需求增加明显，而国内汽车产量的增加已无法满足需求（表 9-3）。供需失衡一方面佐证了对外开放的必要性，另一方面也说明自主汽车工业需要迅速与世界接轨，扩大产量，以满足国内日益增长的经济发展需要。

表 9-3 中国进口汽车与国产汽车数据对比（1976—1980）②

年份	1976	1977	1978	1979	1980
进口量（辆）	18248	15993	25367	32226	51083
国产量（辆）	135200	125400	149062	185700	222288
比 值	13/100	13/100	17/100	17/100	23/100

对外开放促进了中国汽车工业与世界接轨的进程，当看到国外车企许多新技术后，中国车企也清醒地认识到了自身与世界汽车巨头之间的差距，进口整车的同时，引入国外先进技术才是解决自身发展的重中之重。“五五”时期的摸索和积累为“六五”时期正式开启中国汽车工业的合资时代储备了充足的动能。

---

① 数据来源于《2013 年中国汽车工业年鉴》。

② 同上。

10 “六五”时期（1981—1985）汽车工业的主要成果

1979 年 3 月 30 日，邓小平指出：“在经济比例失调的条件下，下决心进行必要的正确的调整，是我们的经济走向正常的、稳定的发展的前提。”①基于这一指导意见，中共中央于 4 月 5 日—28 日在北京召开工作会议，提出了“调整、改革、整顿、提高”的方针。国民经济建设从此进入调整阶段。

“五五”时期的后两年属于国民经济的初步调整阶段，在改变僵化的管理体制、探索按经济规律管理经济等方面进行了积极且有益的尝试。各项工作都取得了明显的进展，积累了大量宝贵的经验。

“六五”时期属于国民经济的进一步调整阶段，对国民经济实行进一步全面的、大幅度的调整。“六五”计划的根本任务是：继续贯彻执行调整、改革、整顿、提高的方针，进一步解决过去遗留下来的阻碍经济发展的各种问题，取得实现财政经济状况根本好转的决定性胜利，并且为第七个五年计划期间的国民经济和社会发展奠定更好的基础，创造更好的条件。1982 年召开的五届全国人大五次会议审议批准了“六五”计划。

“六五”是第一个深入实施改革开放的完整的五年计划，汽车工业在这一时期迎来了新一轮大发展。“改革开放”的本质可以分为两个部分，分别是“对内改革”和“对外开放”。两个部分都对中国汽车工业的发展产生了

① 邓小平文选（第 2 卷）[M].北京：人民出版社，1994.

重要影响。

1.对外开放

先看影响更为直接的“对外开放”。对外开放在“五五”时期就对中国汽车工业的发展产生了剧烈影响，全行业都在酝酿体制改革。国际交流的增多，合资经营的许可都为中国汽车制造业的改革提供了思路和方向。“六五”时期，对外交流进一步增多，交流更加深入，一批中外合作项目相继落地，中国汽车制造业被注入了全新的力量。其中，合作方式主要以合资经营和技术转让为主。

（1）合资经营

合资经营部分，“六五”期间，三家中外合资项目相继签署并落地，中国汽车工业正式迈入合资时代。

第一家是“北京吉普”。1983 年 5 月 5 日，北京汽车制造厂和美国汽车公司（AMC）在人民大会堂签署了合资协议，中国的第一家合资汽车企业正式成立，第一个合资品牌“北京吉普”由此诞生。

北京汽车制造厂与美国汽车公司签订合资合同

这个合资项目的落地并不容易。北汽和 AMC 的谈判持续了 4 年多时间，美方来华 18 次，中方赴美 3 次，中方向各级领导机关汇报 500 多次，中方谈判小组五次换人。其他企业寻求合资的道路比北汽还要曲折，特别是上汽，接连被多家外国汽车企业拒绝。所以，面对重重困难，北汽吉普项目能够洽谈成功已经算是巨大的突破。

刚开始，北京吉普以 CKD 的模式生产汽车，切诺基的汽车散件先从国外进口，之后再逐步实现部分零部件的国产。1985 年 9 月 26 日，北京吉普品牌的汽车切诺基驶下生产线，第一辆中外合资生产的汽车终于驶向了中国经济建设的大道。

北京吉普汽车有限公司

第二个合资项目是上海大众。上汽的合资之路比北汽还要曲折，谈判时间长达 6 年，谈判次数达 60 多次，仅和大众的谈判就有 29 次之多。上海依靠上海牌轿车，在相当长的时间里都是我国最大的轿车生产基地。为了解决当时国内缺少轿车的问题，国家计划改造上海牌。当时正好是改革开放的初始阶段，确立的主要思路就是引进外资和技术。当然，当时之所以要大力发展我国的轿车产业，并不单纯是因为我国没有轿车。内需只是一方面，更重要的是希望引进先进的轿车生产线，再将生产的产品出口到国外，以此赚取外汇，恢复经济。

一机部在 1978 年向众多的知名汽车企业都发出过邀请，通用等企业也表达了初步的合作意愿，并做了互访考察，不过最后真正落地的只有上海大众。

1978 年 11 月，上汽和大众达成了合作共识，并就大众汽车品牌车型在中国大陆市场进行本地化生产达成了一致意见。初步的规划产能是 15 万辆，包含了高尔夫、桑塔纳和商用车。

中途因为第二次石油危机爆发，大众财务状况恶化，有意终止合作。上海市政府和上汽多次主动协商和争取，最终确定继续合作。产能规模从规划的 15 万辆降到了 3 万辆，以此来降低大众面临的风险和压力。

为了试探上海方面的诚意，大众提出先在中国组装一批 CKD 轿车。这就相当于设置了技术壁垒，中国的汽车厂只能做组装，却接触不到任何核心技术。上海方面为了表达出诚意和决心，答应了大众的提议。1982 年，双方在没有正式合资成立公司的前提下，就在上海以CKD组装的形式，试探性地开始了正式的合作。1983 年 4 月 11 日，第一辆大众品牌的桑塔纳轿车在上海组装成功。这台桑塔纳意义非凡，一方面，它让中国坚定了要合资引进技术的决心；另一方面，它让大众汽车看到了中国的能力和决心。它为双方的谈

在中国生产的第一辆大众汽车——桑塔纳轿车

判扫清了最后的障碍。

1984 年 10 月 10 日，上海大众汽车有限公司（现上汽大众汽车有限公司）合资协议在北京人民大会堂签署。1985 年 3 月 21 日，上海大众汽车有限公司正式成立。同年，最早的一批桑塔纳正式投产，仍然以 CKD 的形式生产。据统计，上海大众 1985 年一共卖出了 1684 辆桑塔纳。

上海大众合营合同在北京人民大会堂签约

第三个合资项目是广州标致。1985 年 3 月 15 日，广州市政府和标致汽车公司签订了成立合资公司——广州标致汽车公司的合约。这家公司总投资额 8.5 亿法郎，注册资本为 3.25 亿法郎。广州标致并不是简单地由广州汽车制造厂和标致汽车公司合资，还有其他三个股东：中国国际信托投资公司、法国的国际金融公司和巴黎国民银行。其中广州汽车制造厂持股 46%，法国标致公司 22%，中国国际信托投资公司 20%，国际金融公司 8%，法国巴黎国民银行 4%。法国标致公司的 22%是纯技术股，没有入股资金。法国三方的实际注资也只有 12%，但是却有 34%的股比。虽然公司是由广州汽车制造厂和法国标致汽车公司共同管理，但法方掌握了大部分的话语权。

广州标致汽车公司签约仪式现场

广东地处东南沿海，对我国来说是海防前线。在改革开放以前，国家重要的经济建设项目都有意避开这里，钢铁、石化、汽车、机电等大型现代化工业项目都没有安排到广东。所以在改革开放以前，广东一直没有成规模的汽车工业。

改革开放以后，广东有沿海的地域优势，又毗邻香港和澳门两个地区，贸易十分活跃。伴随着上海生产的桑塔纳流入市场，全国都出现了轿车热，富裕起来的广东人民自然比其他地方有着更大的需求。为了满足这些需求，市场出现了两种方案。一种就是购买走私车，所以东南沿海的轿车走私十分“出名”。国家在1984年和1985年两次重拳出击，严管汽车走私，不少党政领导还受到了处分。另一种就是退而求其次，购买轻型载货汽车，也就是通俗理解的皮卡车。皮卡车既能载货，又能像轿车一样载人，对做生意的人来说反倒像是更好的选择。

广东等地的皮卡车卖得越来越好，很快就供不应求。一般解决供不应求的办法就是增加进口，但进口多了又没外汇。所以，就有人想了个办法：可以进口散件组装皮卡。

1985年，时任广东省省长梁灵光和广州市市长叶选平专程到北京找到国家计委和中汽公司，想争取一个一万辆皮卡散件进口项目，希望借此解决当地对皮卡和轿车的需求问题。当然，这也是为广州争取汽车生产项目，发展本地汽车工业。这一项目很快就被批准了，这也是广州标致诞生的重要契机。

当时，广东进口的皮卡散件主要来源于法国，直接引进法国车企是最佳方案。后来通过香港商人何子栋的牵线搭桥，广州市政府和法国标致汽车公司开始了谈判。最终，双方达成合作意向，成立合资公司，计划年产 1.5 万辆标致 504 皮卡车，返销 0.5 万辆。

广州标致 504 皮卡

1985 年 3 月 8 日，国家计委批准广州标致合资可行性研究报告。3 月 15 日，中法双方在广州花园大酒店签约。1985 年广州标致的产量就有 2000 辆，到 1988 年提升到 5000 辆，已经开始实现盈利。

（2）技术转让

技术转让是另一种对外合作的方式，和当时相对保守的日系企业就是用这种方式合作的。

天津大发就是其中的典型代表。改革开放以前，天津的汽车生产始终是在随大流，试制过轿车，生产过轻型越野车，生产过客车、卡车，还自己研制过转子发动机……尝试多，却都不成规模，缺乏主心骨。改革开放以后，企业拥有了更多的自主权，生产什么对天津的汽车制造业来说极为重要。经过反复论证，天津汽车工业公司决定避开短板，寻求空白市场，着重发展小微型汽车。

1983 年 1 月 7 日，天津汽车工业公司成立了微型汽车建设工作领导小组，立即开展了针对小微型汽车的市场调查。同年 2 月，时任天津汽车工业公司总经理的纪学溦就带队到日本进行考察，把合作目标锁定在了日本大发和铃木两家公司身上。

当时，大发有一款车 Hijet 850，是日本典型的 K-Vans，也就是国内说的微型面包车（微面）。当时日本的微面几乎都是类似的设计，平头、短轴距、窄车身，跑起来十分灵活，而且内部空间很大，走街串巷有着得天独厚的优势。现在国内的很多面包车还在沿用类似的设计。

大发 Hijet 850

之所以选择大发作为合作对象，是因为大发在产的还有一款微型轿车 Charade，与 Hijet 850 有非常高的通用度。选择大发，不光可以导入实用性非常强的微面，还可以提早布局轿车生产，对当时的天津汽车制造业来说的确是最优选项。

天津汽车和大发能够很快达成合作，还有非常重要的一个原因，就是大发方面的态度。大发并不像许多国外车企一样强势，过度强调自己在合作中的主动权，这让考察小组感受到了合作的诚意，并且可以保障合作中的主导地位。天津汽车工业公司和大发并没有选择“合资”的方式合作，而是直接“技术转让”。简而言之，这就好似一锤子买卖，天津买回两款车的所有技术，此后可以自主开发设计和生产。

1983年，天津汽车工业公司上报了《微型载重汽车、微型旅行车设计制造技术及生产线关键设备技术引进项目建议书》，提出了Hijet 850和Charade轿车的引进方案。建议书很快就得到批复。

1984年3月3日，中日双方在人民大会堂正式签署了技术转让协议，天津汽车制造开始迈进新的阶段。1984年9月25日，我国第一辆以CKD方式生产的微型面包车天津大发TJ110，在市郊杨柳青镇的天津市汽车制造厂顺利开出生产线。1986年2月19日，天津大发的灯具开始国产化。到1987年年底，天津大发零部件的国产化率已由1984年的8%上升到85%，国产化率已经非常高了。

天津大发出租车

在天津大发 TJ110 的尾部，能够看到汉语拼音“TIANJIN HUALI”，这是“天津华利”的全拼大写。这款车还有另一个名字，就是“华利”

长安铃木是另一个十分成功的项目，也是军转民的成功案例。

1979 年 4 月，中央提出了“军民结合、平战结合、军品优先、以民养军”的十六字方针，鼓励军工企业利用富余生产力生产民用产品。“六五”时期，各地的军转民工作火热开展，许多军工厂都转型制造汽车或者摩托车。长安就是其中之一，当时还叫国营长安机器制造厂。

长安起初试图通过仿制自行购买的铃木轻卡来开发产品，但仿制过程中在发动机、仪表等关键部件遇到了难题。所以，长安索性决定直接从日本铃木引进产品和技术。铃木是当时为数不多的对中国军工企业开放的企业，帮助了很多军工企业实现了产品和生产的转型。铃木的技术覆盖了汽车和摩托车两个细分品类，这就是我国很多军工转型的企业都生产微型车或者摩托车的原因。

1984 年 3 月，长安与铃木签订合作协议，引进铃木 Carry ST90 系列三款车型。1984 年 11 月 15 日，第一批长安牌 SC112 微型厢式货车和 SC110 微型载重汽车正式下线。

第一批长安牌微型载重汽车下线

20 世纪 80 年代中期，微型卡车和微型面包车开始在国内火了起来。据不完全统计，在天津、柳州、吉林、重庆等地有十几个厂家分别引进大发、三菱或者铃木的技术，开始制造微型卡车或者面包车。

2.对内改革

再看“对内改革”对汽车工业的影响，经济体制的改革对汽车工业发展影响巨大。改革开放以后，农村经济体制发生了翻天覆地的变化。多种农业生产责任制的出现，特别是家庭联产承包责任制的出现，极大地刺激了农业生产的积极性。除此之外，农村流通体制也发生了改革。农副产品购销体制改革，取消了统销统购制度，农民有自主经营权和销售自主权，商品流通更为活跃。再加上农村商品流通改革，取消了对集市贸易、长途贩运的限制，全新的农村流通体制逐渐形成。这使得贸易运输的需求急剧扩大，市场对汽车的需求越发旺盛。基于当时国内的汽车生产结构和商品流通特点，微型卡车和面包车的市场需求量十分庞大。这也是众多企业转型时纷纷将产品锁定在了微型车上的重要原因之一。

农村经济体制改革推动了城市经济体制的改革，为整个经济体制的改革提供了极为有利的条件。汽车作为商品获得了更多的流通机会，我国民用汽车保有量从“六五”末期开始高速增长。

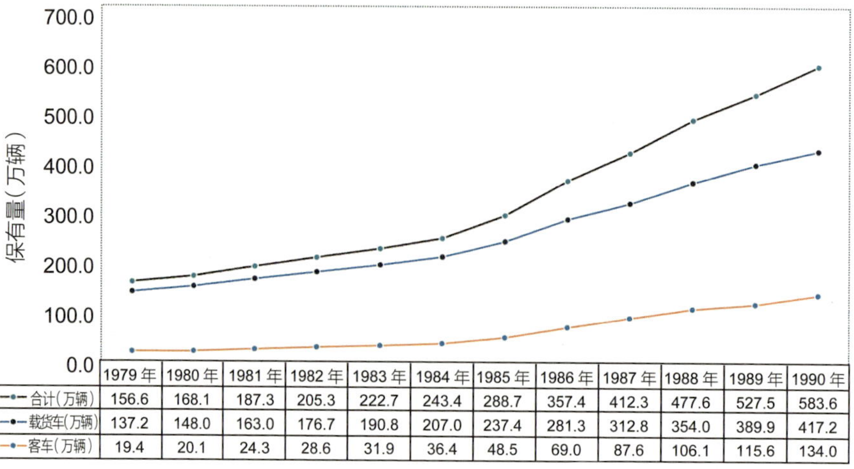

	1979 年	1980 年	1981 年	1982 年	1983 年	1984 年	1985 年	1986 年	1987 年	1988 年	1989 年	1990 年
合计（万辆）	156.6	168.1	187.3	205.3	222.7	243.4	288.7	357.4	412.3	477.6	527.5	583.6
载货车（万辆）	137.2	148.0	163.0	176.7	190.8	207.0	237.4	281.3	312.8	354.0	389.9	417.2
客车（万辆）	19.4	20.1	24.3	28.6	31.9	36.4	48.5	69.0	87.6	106.1	115.6	134.0

中国民用汽车保有量（1979—1990）①

① 数据来源于中国汽车工业销售服务公司统计数据，统计到当年6月底，小客车中含轿车。

“对内改革”对汽车工业还有另一重影响。1979 年国家计划收购和调拨的消费品和农用生产资料达 65 种，采取统购统销。拖拉机作为重要的农业生产工具，就在国家统一规划的大盘子里。改革开放以后，实行承包责任制，也取消了拖拉机包销，很多拖拉机厂都面临着库存积压的问题，如何生存下来成了这些工厂面对的首要问题。

柳州拖拉机厂就是其中之一，截至 1980 年，这家工厂已经积压了 1713 台拖拉机，全年亏损。产品滞销让工厂必须改革，必须转型。经过调研，工厂初步掌握了市场的一些基本情况。比如，当时轻工和民用商品卖得不错，另外国内汽车市场缺少微型车。1980 年，柳州拖拉机厂决定一方面转产万家牌缝纫机和 1515 型自动换梭棉织机，另一方面试制微型车。

柳州拖拉机厂生产的柳州丰收牌拖拉机

1980 年初，柳州拖拉机厂自行购入了一台三菱 L100 微型车，直接通过逆向研发试制自己的汽车产品。当时，之所以要制造缝纫机和棉织机，主要是为了缓解经济压力，有钱才能活下去，才能研究汽车。按照工厂自己的总结，叫“以杂养专”，说明当时工厂的主要方向还是微型汽车。

1982 年 1 月，柳州拖拉机厂试制出了第一辆微型车 LZ110，虽然是靠着比较原始的方式敲打出来的，但总算实现了从无到有的转变。同年 9 月 13 日，广西壮族自治区人民政府就发出了《关于柳拖柳机联合建设微型汽车的通知》

（柳机就是指柳州机械厂），决定柳拖转产微型汽车，预计 1985 年形成年产 1 万辆的生产能力。

柳州拖拉机厂正在仿制三菱汽车

从汽车外观到 2500 余种零部件全都依靠手工测量绘图再加上手工敲打模具，4 年后才复刻出了第一台车子（图片源于柳州工业博物馆）

1983 年 4 月 1 日，国家计委、经委计机字〔1983〕425 号文《关于微型汽车搞好定点的通知》发布，柳州拖拉机厂被国家计委和机械工业部指定为中国四大微车定点生产厂家之一。

1984 年 2 月 15 日，工厂更名为柳州微型汽车厂，正式转型为一家汽车制造厂。同年 10 月，LZ110 微型货车通过国家技术鉴定，当年就销售 2300 多辆，这时候的 LZ110 已经开始叫“五菱牌”。

此后，柳州微型汽车厂便进入发展的快车道，五菱微型车成为国内首屈一指的产品。即便到现在，五菱微型车也依然在细分市场上占据绝对的市场优势。

1985 年 5 月 10 日，柳州微型汽车厂举行更换厂名仪式

“对内改革”改变了中国社会对汽车的需求，对民用车特别是轿车的需求增多。1984 年 2 月，国务院发布了《关于农民个人或联户购置机动车船和拖拉机经营运输业的若干规定》，私人购置汽车获得法律保障，中国汽车消费开始从公务购车的单一渠道转向多元化消费。这一政策从根本上促进了汽车商品化，为汽车工业开辟了更广阔的市场，私人购车需求也因此被快速释放。

国内汽车制造的供给端虽然有意主动填补这些需求，但发展速度跟不上需求增长的速度。“对外开放”提供了更加广阔的市场，恰到好处地满足了这些需求。“六五”末期，进口车辆成了轿车市场的主力。1984 年，全国进口轿车的数量是 21651 辆，比前一年增长了 3.7 倍。1985 年，进口轿车数量飞速增长到 105775 辆，比新中国成立以来到 1984 年的轿车进口总数还要多出 3 万多辆。

这些进口车来自全球各地，涵盖了当时几乎所有的主流汽车品牌，包括日本的公爵、阳光、蓝鸟、皇冠，苏联的伏尔加、拉达，波兰的波罗乃兹，法国的雪铁龙 CX，美国的福特天霸，瑞典的沃尔沃 240 等。

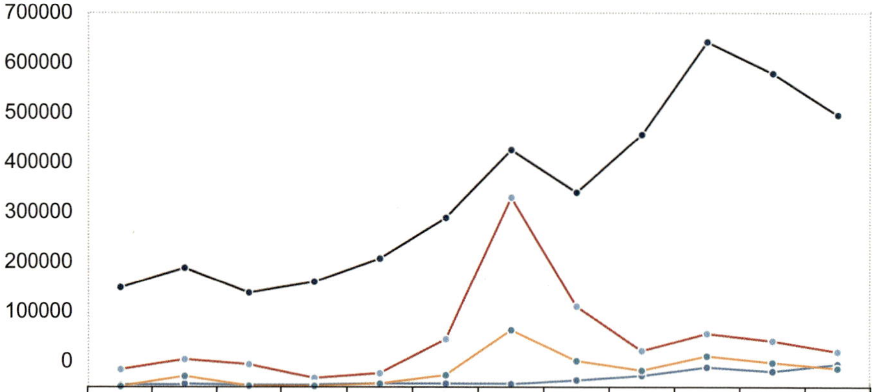

	1979 年	1980 年	1981 年	1982 年	1983 年	1984 年	1985 年	1986 年	1987 年	1988 年	1989 年	1990 年
国产汽车数量（辆）	185700	222288	175645	196304	239886	316367	443377	363786	472538	646051	586936	509242
进口汽车数量（辆）	32226	51083	41575	16077	25156	88743	353992	150052	67182	99233	85554	65430
国产轿车数量（辆）	4152	5418	3428	4030	6046	6010	5207	12297	20865	36798	28820	42409
进口轿车数量（辆）	667	19570	1401	1101	5806	21651	105775	48276	30536	57433	45000	34063

1979—1990 年中国汽车工业各类数据①

由于国内对轿车的需求过于旺盛，当时还出现了震惊全国的海南走私案。倒卖一辆汽车，轻轻松松上万元到手，很多人为了获取暴利便铤而走险。1985 年初，由中纪委、中央军委、国家审计署等机构 102 人组成的庞大调查组进驻海南彻查此案。不久后公布的调查数据显示，在一年时间里，涉案进口汽车达 8.9 万辆之多，用于进口的贷款累计 42.1 亿元，比 1984 年海南工农业总产值还要多 10 亿元。好在国家及时重拳治理，遏制住了这种势头。

整个“六五”时期，汽车工业各细分领域齐头并进，成果丰硕。中外合资办厂有序推进，为吸引更多外国企业创造了良好的条件；各类国有企业转型探索卓有成效，为进一步深化改革打好了基础；汽车私有化限制放开，轿车需求得到释放，为汽车工业整体进步提供了宏大的舞台。“六五”时期汽车工业圆满完成了“六五”计划的根本任务，为第七个五年计划期间的汽车工业发展奠定了更好的基础，创造了更好的条件。

---

① 数据来源于历年《中国汽车工业年鉴》。

11 “七五”时期（1986—1990）汽车工业的主要成果

随着“六五”计划的顺利实施，党中央从1983年开始着手制定“七五”计划的准备工作。1983年，国务院着手组织“七五”计划的起草工作，1985年上半年拟订了《中共中央关于制定国民经济和社会发展第七个五年计划的建议》。1986年3月，六届全国人大四次会议审议批准。在我国社会主义计划经济史上，这是第一次在一个新的五年计划刚刚起步的时候就制定出了经济和社会发展计划。

“七五”期间，我国经济社会发展的主要奋斗目标是：力争在五年或者更长一些的时间内，基本上奠定有中国特色的新型社会主义经济体制的基础。“七五”期间可以分为两个阶段，前一阶段从1986年到1988年9月，特点是经济发展持续过热，不稳定因素增加；后一阶段从1988年9月到1990年，为经济的治理整顿时期。

在“七五”计划期间，1988年初出现了经济过热和通货膨胀。同年9月，中国共产党第十三届中央委员会第三次全体会议指出：总需求超过总供给是多年积累下来的，在新旧体制转换时期才可能从体制上解决这个问题，这就更需要从工作上加强管理和控制。[①]全会决定了“治理经济环境、整顿经济秩序、全面深化改革”的指导方针、政策和措施。报告指出，治理经济环境主要是压

① 中国共产党第十三届中央委员会第三次全体会议公报（1988年9月30日通过）。

缩社会总需求，抑制通货膨胀；整顿经济秩序，就是整顿新旧体制转换时期的各种混乱现象。报告强调，解决总需求大于总供给，一方面要抑制总需求膨胀，另一方面要用很大力量来改善和增加有效供给。①

我国汽车工业发展和全国经济建设遇到的问题是统一的，从“六五”时期以来，汽车市场的总需求始终大于总供给。伴随公务用车对轿车进一步放开，私人购车限制解除，社会对汽车，特别是轿车的总体需求始终旺盛。

1986 年，时任中国汽车工业公司总经理的陈祖涛在第五届汽车工程学会年会上作报告时指出：近年来，在汽车需求量和生产大幅度增长的情况下，出现了一些新问题，值得我们高度重视。一是由于宏观管理工作没有及时跟上，全国增加了许多整车生产厂点。1982 年全国 73 家汽车厂已调整为 37 家，但到目前为止，全国整车厂又发展到 100 多家，其中很大一部分是低水平、小批量、产品质次价高的汽车厂。这种不合理的企业结构将对我国汽车工业以及企业本身的发展造成不良的后果。二是多头对外，重复引进的问题十分严重。三是近两年在汽车产品供不应求的状况下，行业内不同程度地出现了片面追求产值、产量，忽视产品质量与产品升级换代的倾向。四是今年下半年以来，由于受国家压缩基建规模、减少贷款等因素的影响，汽车销售市场情况发生变化，销售量下降，库存增加，资金周转发生困难。②

“七五”时期汽车发展的主要奋斗目标是：争取基本上奠定适应汽车工业发展的新型管理体制的基础，大力推进科学技术进步和智力开发，促进汽车工业装备水平、生产技术水平和经济管理水平的提高，加速实现汽车产品升级换代（多品种、系列化），尽快达到国际上 80 年代初水平，不断提高经济效益，增强我国汽车产品进入国际市场的竞争能力，为汽车工业成为重要支柱产业打好基础。

---

① 中国共产党第十三届中央委员会第三次全体会议公报（1988 年 9 月 30 日通过）。

② 陈祖涛. 团结奋进，努力实现“七五”期间我国汽车工业发展的目标[J]. 专用汽车，1986(01)，3-7.

为了更好地发展我国的汽车工业，“七五”时期由供需矛盾引发的诸多问题得到了强有力的管理和控制。具体措施包括加大汽车进口的控制力度，统一部署轿车生产规划，完善配套政策、法规和标准等。

自“六五”后期开始，我国汽车进口的需求始终很大，管控难度也随之变大。从数据来看，即便已经有北京吉普、上海大众和广州标致三家合资企业直接在国内生产乘用汽车，“七五”时期进口的乘用车，特别是轿车的数量依然很庞大。整个“七五”时期的轿车进口总量是 215308 辆，而同时期国产轿车的产量是 141189 辆。

从汽车工业发展的大局来看，扩大进口短时间内确实可以改善供给，但长期会受制于人，也会因此严重挤压民族轿车工业的发展空间，不利于解决长期的供给问题。而且，过度依赖进口还会带来巨大的外汇压力，制约国民经济的发展。

为了控制轿车进口，国务院在“七五”期间，分别于 1985 年 10 月、1987 年 10 月、1988 年 12 月发布通知，要求各地和部门严格控制汽车进口，并严格遵照国家统一审批，引进合资汽车项目。国务院多次针对同一问题发布通知，也从侧面说明我国当时在轿车进口的管理问题和市场秩序的建设问题上存在混乱的现象。

1987 年 10 月的《国务院关于进一步严格控制轿车进口的通知》（国发〔1987〕97 号）中明确强调：“除已经国务院批准的以外，在全国范围内不再安排新的轿车生产点，未经批准的地区、部门和企业不得再同外商洽谈引进轿车整车设计制造技术和装配线，或者建立这类中外合资、合作企业。”

即便是已经在通知中明文禁止，还是有不少企业铤而走险。这和市场需求是有一定关系的，几个大项目很难在短时间内满足旺盛的市场需求，促使各地“各行其政”。中央是三令五申要求汽车产业要全国一盘棋，严禁小项目上马，不少地方却充耳不闻，暗地里“开花”。有的地方和部门擅自同外商洽谈引进轿车制造技术和装配生产线，有的假借微型汽车、轻型汽车和旅行车的名义发展轿车，有的盲目发展某几种轿车零部件，有的以各种方式进口轿车零部件再拼装轿车。

从汽车产品的供给结构来看，大量企业起点很低，都是依赖半散件（SKD）和全散件（CKD）的方式进口散件组装生产，产品品质不好控制，容易被淘汰，造成资源浪费。在供需失衡的市场环境中，很容易出现劣币驱逐良币的现象，破坏了我国汽车工业的健康发展。

为了解决汽车制造，尤其是轿车制造的供给问题，我国在“七五”期间做了很多尝试和探索。其中的重中之重就是统一部署轿车生产规划，确立了我国轿车制造“三大三小”的架构。

1987年5月，在湖北十堰举行了“中国汽车工业发展战略研讨会”，国家经委、计委、科委的领导和众多汽车行业相关的专家、企业代表都参加了。这次研讨会主要解决两个问题：中国发不发展轿车和怎么发展轿车。同年8月的北戴河会议，基本确定了中国轿车工业的最初架构，也就是“三大三小”。“三大”就是一汽、二汽和上汽的合资项目，“三小”就是北京吉普、天津夏利和广州标致三个地方项目。

“三大”中的一汽和二汽是在北戴河会议之后才获得“准生证”，并正式启动轿车项目的。“三小”和上汽的轿车项目早已落地。这次北戴河会议还明确了各家企业的发展方向：一汽生产排气量2.0 L以上的中高级轿车；上汽生产1.8～2.0 L的中级桑塔纳轿车；二汽生产1.3～1.6 L普及型轿车；天津、北京、广州三个生产点从进口轿车散件组装开始，逐步实现国产化生产。

除这六家企业之外，国家严格控制轿车生产。国务院1988年12月14日下发的《国务院关于严格控制轿车生产点的通知》（国发〔1988〕82号），明确指出了已经审批的六家汽车企业，并强调“未经国务院批准，各地区、各部门和企业不得擅自安排轿车生产点”。

我国轿车制造“三大三小”的架构由此建立，并一直持续到世纪之交。

“七五”时期有关发展汽车工业的另一重要内容就是完善相关政策、法规和标准，加大引导和管理效能。

合资企业在成立之初，是希望通过合作“师夷长技”，所以合作内容中对合资汽车的国产化率是有要求的。已有几个合资项目一开始都是以 CKD 的方式开启合作，按规划也都会在之后提高国产化率，可几年下来，国产化率却始终提不上去。

以上海大众为例，到 1986 年时，CKD 方式已经搞了两年多，桑塔纳的国产化率才只有 2.7%，实现国产的配件只有车轮、收音机和天线。当初的合资合同里规定，国产零件都要送到德国经过大众的技术认证。而当时，国内的零部件厂根本达不到德方的技术要求，国产化率也就迟迟提不上去。

1986 年，时任国家经委常务副主任的朱镕基到上海大众考察。通过实地考察，朱镕基了解了事情的全貌，结束考察时说：“桑塔纳零部件的国产化，要坚持德国大众的标准，绝不搞‘瓜菜代’[①]。桑塔纳的国产化要 100%合格，降低 0.1%我们都不要。”

1987 年 12 月 24 日，朱镕基在《把“桑塔纳”轿车国产化搞上去》的讲话中，开宗明义地提出轿车国产化的指标：“发展轿车工业应建立在我们自己生产的零部件基础上，不能靠散件组装。”而就在两天前，中央刚刚做出任命朱镕基为上海市市长的决定。朱镕基代表中央并以上海市市长的身份来推动桑塔纳国产化的合作项目，意味着桑塔纳的国产化问题已经受到了政府的高度重视。

朱镕基在调查桑塔纳国产化时对上海大众德方明确表示，依靠进口零部件组装轿车不是发展方向，如果三年之内国产化率达不到 85%，上海大众就关门大吉。

---

① “瓜菜代”指三年困难时期使用“代食品”充饥的临时措施。

② 为了解决资金有限，又要实现对汽车零部件企业进行技术改造的目的，朱镕基提出建立以整车为龙头，以零部件企业利益为纽带的命运共同体。从政府到企业，从上海大众到零部件公司，命运捆绑，利益捆绑，围绕一个目标：把上海大众建好，把国产化搞上去。共同体的目的就是将轿车生产工业搞上去，达到国际水平，最终进入国际市场。

之后通过成立桑塔纳轿车国产化共同体②，桑塔纳国产化率逐步提升，到1996年桑塔纳的国产化率达到了90%以上。

为了更好地引导合资企业提高国产化率，国务院1988年12月14日下发的《国务院关于严格控制轿车生产点的通知》中，明确提出：对国务院批准的三个轿车生产基地和天津、北京、广州三个生产点进口的汽车散件，实行差别税率，根据国产化率高税率低、国产化率低税率高的原则，制定进口散件的税收办法。在国家批准的建设期限内，按合同规定国产化计划进度进口散件组装轿车的，关税可适当调减；不按期实现国产化计划的要提高税率。

统一行业国家标准也是加强管理的重要手段。

改革开放以后，国产汽车制造业出现了多元发展的局面，迅速丰富起来的汽车产品目录让1959年颁布的命名标准“不堪重负”。1988年以前，有关汽车命名的各类标准多达6个，除应用最广泛的汽130—59《汽车产品编号规则》以外，还有GB 4991—85《城市用公共汽车系列型谱》、JB 2321—78《改装车辆产品名称、型号编制方法》①、GB 6420—86《货运挂车系列型谱》中半挂车型号编制部分、JT 3112—85《公路客运车辆产品型号编制方法》②和CJ 6—84《城市用公共汽车产品型号编制规则》③五种规则。

比如“京华牌BK670通道客车”，是按照汽130—59《汽车产品编号规则》命名的。如果按照城建部的CJ 6—84《城市用公共汽车产品型号编制规则》，就应当命名为“BK180J”。其中“BK”代表北京市客车总厂，“1”代表城市公交客车，“8”是因为车长16.82米，“0”代表是第一代（款），“J”说明采用了黄河底盘。

型号混乱，既不利于汽车的生产、使用和维修工作，也不利于产品的流通，阻碍了汽车工业的发展。随着汽车保有量的不断增加，制定便于识别、统一

① 由机械工业部1978年颁布的标准。

② 由交通部1985年颁布的标准。

③ 由城建部1984年颁布的标准。

的产品型号编制规则十分必要。

京华牌 BK670 通道客车

北京客车四厂于 1976 年研制成功的铰接式通道公共汽车，是当时载客最多的公交车。BK670 采用了黄河牌卡车底盘，公交人习惯称这种车为“黄河通道”

1988 年，国家颁布了国家标准 GB 9417—88《汽车产品型号编制规则》。除不适用于军用特种车辆外，该标准适用于在中国生产的所有车辆。这一标准一直沿用至今。

通过国家宏观的治理和整顿，“七五”计划的绝大部分指标都得以完成或超额完成。我国的汽车工业通过“七五”时期的发展和调整，逐渐步入了更加健康的发展轨道，为“八五”期间进一步提高汽车工业整体水平打下了基础。

12 “八五”时期（1991—1995）汽车工业的主要成果

1990年12月，中国共产党第十三届中央委员会第七次会议审议并通过了《中共中央关于制定国民经济和社会发展十年规划和“八五”计划的建议》，提出了今后十年我国国民经济和社会发展的基本任务和方针政策。根据十三届七中全会的建议，国务院制定了十年规划和“八五”计划纲要。次年3月，第七届全国人大第四次会议审议通过了国务院提出的《国民经济和社会发展十年规划和第八个五年计划纲要》。[①]

以1992年邓小平同志南方谈话和中共十四大为标志，“八五”时期中国改革开放和现代化建设进入新的阶段。1992年10月12日，中国共产党第十四次全国代表大会上的报告中提出：振兴汽车制造业，使它成为国民经济的支柱产业。[②]中国汽车工业从此迈入由小到大的跨越发展时期。

“八五”期间，国务院于1994年3月12日公布了《国务院关于印发〈汽车工业产业政策〉的通知》（国发〔1994〕17号），即“94版汽车工业产业政策”。这是中华人民共和国成立以来中国第一部汽车工业的产业政策，对中

① 《国民经济和社会发展十年规划和第八个五年计划纲要》规定十年规划的基本目标包括：国民生产总值平均每年增长6%，到20世纪末比1980年翻两番。

② 江泽民在中国共产党第十四次全国代表大会上的报告《加快改革开放和现代化建设步伐，夺取有中国特色社会主义事业的更大胜利》（1992年10月12日），“振兴机械电子、石油化工、汽车制造和建筑业，使它们成为国民经济的支柱产业”。

国汽车工业的发展具有重大意义且影响深远。

“94版汽车工业产业政策”有非常多具体明确的规定，切实解决了中国汽车工业当时的发展方向问题。

1994年7月4日 星期一 第二版 人民日报

汽车工业产业政策

（国家计划委员会一九九四年二月十九日）

国务院就印发《汽车工业产业政策》发出通知

第一章 政策目标和产品发展重点

第八章 出口管理政策

第九章 国产化政策

当时《人民日报》有关“94版汽车工业产业政策”的相关报道

比如政策第三十二条规定：生产汽车、摩托车整车和发动机产品的中外合资、合作企业的中方所占股份比例不得低于50%。这一规定一直影响着合资车企在中国的经营模式，按照目前的政策，对乘用车汽车企业的影响将一直持续到2022年[①]。

政策第四十三条规定：汽车工业企业不得以半散件（SKD）和全散件（CKD）方式进口散件组装生产。这直接打消了很多小型企业想要借助散件进口生产乘用车的想法，也给已有的合资品牌加上了“紧箍咒”，加快了产品的国产

① 2018年4月17日，国家发改委召开新闻发布会表示：汽车行业分类型实行过渡期开放，2018年取消专用车、新能源汽车外资股比限制；2020年取消商用车外资股比限制；2022年取消乘用车外资股比限制，同时取消合资企业不超过两家的限制。通过5年的过渡期，汽车行业将全部取消限制。

化进程。

政策第四十七条规定：国家鼓励个人购买汽车，并将根据汽车工业的发展和市场消费结构的变化适时制定具体政策。这是中华人民共和国成立以来，国家第一次在政策层面允许老百姓拥有汽车。这一规定的落实却遇到重重阻碍，甚至一度成为一纸空文，特别是有很多基层干部直接持反对意见。但这是国家在政策层面公开表示，汽车将不再是生产资源，而是商品，老百姓可以选购的商品。

类似的政策还有很多，对轿车、轻型车的审批也作了明确限制。政策第五十八条明确规定，1995 年底前，国家不再批准新的轿车、轻型车整车项目。清晰地向全国的汽车类企业传达出信号：自政策发布后的未来一年多时间里，不会再批准新的轿车和轻型车项目。

在党的十四大报告“振兴汽车制造业”的明确要求和“94 版汽车工业产业政策”的具体指导下，“八五”时期汽车工业发展取得了丰硕的成果：汽车工业增长快速，产业结构得到改善，科技开发、高新技术产业化、企业生产能力、合资汽车国产化率等方面都有明显进步。

“八五”是新中国成立以来汽车工业增长最快的时期。国内市场总容量迅速增长，“八五”期间新增汽车 630 万辆，比“七五”增长 114.56%。5 年一共生产汽车 587 万辆，是“七五”的 2.3 倍，净增 330 万辆，国产汽车资源增长了 126.8%。其中，轿车产量达到了 102 万辆，占新中国成立以来总产量的 85.3%，年平均增长率达 48.9%。在总资源迅速增长的基础上，进口汽车占总资源的比重已从“七五”的 13.12%下降到“八五”的 7.71%，其中进口小轿车的比重从 84.60%下降到 15.5%。这说明产业结构得到了改善，随着国内汽车市场容量的迅速增长，国产车的主导地位更为巩固。

“八五”是对汽车工业建设投资最大的时期，总和达到 588 亿元，是前 40 年的 2.2 倍，“七五”时期的 3.5 倍。按照《国家汽车工业产业政策》的要求，“八五”后期，国家加大了对重点轿车配套零部件项目的投资力度，大大改变了长期以来我国汽车工业“缺重少轻，轿车近乎空白”的状况。汽车零部件实现了从单一品种、单一车型配套向多品种、多车型配套的转变。

“八五”时期，为适应我国经济形势及汽车市场多元化发展的要求，全国汽车行业十分重视产品开发及增加适销对路汽车产品的比重。汽车的基本车型有载重汽车、客车、越野车、轿车、自卸车、牵引车 6 大类共 120 多种，各类专用汽车达 750 多种。在此期间，国家公布的《汽车产品目录》中的汽车车型品种已达 13355 种之多，比“七五”期间生产的车型品种增加了 6851 种。我国各主要汽车生产企业集团用于新品种汽车、发动机和零部件研制开发的投资费用为企业产品销售额的 1%左右，有的企业已达到 2%的水平。

“八五”末期，合资汽车的国产化率提升明显。国产化率在 80%以上的产品有上海大众桑塔纳、北京吉普切诺基（CXI）、天津夏利、一汽奥迪（四缸）、广州标致（505 SW8）；国产化率达 60%的有一汽捷达、兵器[①]奥拓。除了这些之外，“八五”竣工验收的还有一汽中轻型车、东风中重型车、南海轻型车、重汽重型车等四个重点项目。相关车型的国产化率整体表现也不错，其中重汽斯太尔为 90%、南汽依维柯为 25%、五十铃轻型车为 75%。

上海大众桑塔纳 2000（1995 年正式下线）

① 指中国兵器工业总公司，统一调配长安铃木、吉林江北、湘潭江南和西安秦川对奥拓车型的生产。

北京吉普切诺基

大发 Charade（夏利 TJ730 的原型车）

奥迪 100

标致 505 SW8

“八五”期间，我国汽车工业的变化还体现在一些细节现象上。

（1）“技术改造”效果明显，企业的规模化生产能力提升

“八五”初期，包含汽车工业在内的各地福利企业的技术改造工作发展很不平衡。因为资金严重短缺，只有 1.7%的福利企业得到改造，相关技术改造项目的管理工作还比较薄弱，部分项目的技术含量不高，市场预测不够准确，投产后达不到预期的经济效益，实际产能和规划产能存在较大差异，产品质量也远不及预期。

1990 年 9 月 25 日，民政部印发了《民政部社会福利企业“八五”期间技术改造规划》，汽车制造企业在“八五”期间开展大规模的技术改造。到 1995 年，不少企业经过技术改造都进步明显，形成了一定的经济规模。比如“八五”期间，上海大众桑塔纳 15 万辆车项目建成投产；一汽奥迪 3 万辆轿车及天津夏利轿车和 10 万台发动机项目建成并形成生产能力；一汽大众 15 万辆轿车四大工艺项目建成投产；东风富康 15 万辆总装项目建成投产。

（2）私家车兴起

私家车兴起，特别是“94 版汽车工业产业政策”鼓励个人购买汽车，给国际国内汽车企业和品牌都带来了巨大的影响。整个“八五”时期，汽车市场消费结构出现的最明显变化就是私人购车比重迅速上升。1984 年我国 260.4 万辆民用车保有量中，私人购车保有量是 17.35 万辆，占比 6.7%。1994 年末，私人购车保有量已经上升为 205.42 万辆，占民用车保有量的 22.1%，是十年前的

11.8倍，年平均增速28%左右。其中，1994年私人购车新增需求就有近50万辆，约占全社会总需求的三分之一。

改革开放以来，中国汽车市场越发受到国际汽车企业的关注。嗅觉敏锐的国际汽车企业一听说中国鼓励购买私家车，立马顺势而动，想要找机会进入中国市场。1994年，我国为了加速促进汽车进入家庭，推出了“中国家庭轿车计划（China Family Car Project）”，向全球20多家汽车制造商发出了邀请。我国提出的要求是希望这些汽车企业能够提供一款低价、环保，能够乘坐5人的汽车来中国竞标，中标的车商将可以和一汽合资生产。

1994年11月14日至19日，中国机械工业部在北京国际贸易中心举办了大型国际汽车学术交流活动——“当代国际轿车工业发展与中国轿车工业发展战略技术交流研讨及展示会（简称国际家庭轿车研讨会，PSE’94）”。来自6个国家的22家汽车企业带来了88辆适合中国市场的家用乘用车，还有的企业拿出一揽子“为中国发展家轿”的开发计划。在那次研讨会上，有6万多人参观了这些车辆，也让“家用轿车”的概念迅速传播开来。

这些车辆当中，有两款是汽车企业专门为中国市场打造的。

其中一款是保时捷的C88（China 88）。这款车的名字就是为了迎合中国人的喜好，字母“C”代表中国，数字“88”代表发财。这款车当时的定价是8.8万元，和三缸夏利的售价差不多，是一款主打亲民的廉价车。这款车并没有直接用保时捷的Logo，而是专门设计了主体为三个圆的新符号，寓意“一家三口”。

C88

另一款是戴姆勒-奔驰带来的 FCC(Family Car China),售价是 13 万元人民币。这是一款 MPV,车长 3.56 米,动力系统搭载 1.3 L 发动机,最大功率 54 马力,匹配手动变速箱,前轮驱动,最高车速可以达到 150 km/h。根据奔驰当时的介绍,这款车可以衍生出三厢、两厢、MPV 或旅行车等多款车型,开发费用为 5000 万马克。展出时,奔驰还专门在 FCC 的展车上挂上了"吉 A·01688"的车牌号。

FCC

很可惜,中国家庭轿车计划在之后的推进过程中出现了一些问题[①],最终不了了之,保时捷和奔驰专门为中国市场打造的新车也无缘中国家轿市场。

与此同时,国内企业加大了发展轿车的力度。比如,一汽就在合资和自主两个板块开展了轿车生产。

"七五"时期,一汽和大众就达成了散件生产奥迪 100 的合作协议。一汽和大众签署的技术转让协议有效期是 6 年。6 年后的 1995 年,一汽产的奥迪 100 的国产化率已经达到了 82%。在这个基础之上,1990 年 11 月 20 日,一汽和大众在人民大会堂签订了合资生产高尔夫和捷达轿车的 15 万辆合资项目。1993 年,借着国产奥迪的契机,一汽恢复了红旗牌轿车的生产。3 月 22 日下

① 根据 1995 年《纽约时报》报道,当年一位计划的参与者表示,有关部门内部对计划应该如何进一步推进产生分歧,原本计划由一汽与外方一家企业合作生产一款车型的方案受到质疑,反对者认为应该引入更多的企业与更多车型,这样可以为消费者提供更多选择。而在此背景下,这一计划最终被取消。

线的第一辆红旗牌高级轿车，被浙江省新昌县农民企业家王文千买走，红旗牌高级轿车第一次走向市场，走进了普通人家。此次复产的红旗也被叫作“小红旗”。一汽经过大干“三车一机”和“决战红旗工程”，相继开发出了小红旗CA1201U3皮卡、CA7221小红旗轿车和CA7221L、CA7226L、CA7228L等多种小红旗加长车以及变种产品。当1995年奥迪100的生产许可到期之后，一汽就将奥迪100的技术全部应用到了小红旗上①。

小红旗CA1201U3皮卡

小红旗CA7226L

再如，二汽也在“八五”时期加快推进并落地了轿车项目。1990年12月19日，第二汽车制造厂厂长陈清泰和法国雪铁龙汽车公司董事长卡尔维在法国巴黎签订了二汽雪铁龙轿车项目的合资合同，双方将一起成立合资公司——神龙汽车有限公司。1993年2月，神龙汽车公司在襄樊和武汉两地的

① 截至1997年，一汽一共生产了2.3万辆小红旗，国产化率达到93%。

工厂全面开工兴建。二汽期盼已久的轿车项目终于正式落地，此时的二汽也已经更名为东风[①]。同年，用从法国奥尔耐总装厂进口的部件组装的第一批1.75万台的国产雪铁龙ZX车型——神龙富康下线。东风从此开启了轿车时代。

1992年第一批第一辆富康轿车下线的场景

(3)微型轿车形成规模化生产基地

最后，我国汽车工业在“八五”时期的明显变化是微型轿车在国内形成了规模化生产基地，我国轿车的生产格局由“七五”时期的“三大三小”演变成了“八五”时期的“三大三小两微”。其中的“两微”就是在“94版汽车工业产业政策”发布之前幸运拿到了轿车生产资质的长安铃木奥拓和贵州云雀。

进入“八五”时，长安汽车制造厂已经是可以批量生产微面和微卡的企业。随着轿车需求的增大，长安认定只有抓住生产微型轿车的机会，才能稳定企业的竞争力。当时，这样的转型算是明知不可为而为之。1991年，长安从铃木购买了500套铃木第二代Alto汽车的散件，到中国音译之后被称作“奥拓”。最终，奥拓靠着不错的性能表现，获得了上级领导的认可，终于在1992年获批为开发生产微型轿车的生产基地之一。之所以是“之一”，是因为按照中国兵器工业总公司的统一部署，还有另外三家具有军工背景的企业也要生产奥拓，

① 1992年9月4日，“二汽”更名为东风汽车公司。

组装需要的零配件由“兵总”统一分配，覆盖件由长安厂统一供应。其他三家分别是吉林江北、湘潭江南和西安秦川。

此后，长安进一步在微型轿车的生产上深化布局。1993 年，长安和日本铃木合资成立了重庆长安铃木汽车有限公司。1995 年第一季度，重庆长安铃木总生产线成功试制出第一辆合资奥拓微型车，4 月份正式大批量投产。到年底，长安铃木奥拓的国产化率已达到 60%。

长安生产线上的第二代铃木 Alto

贵州云雀是贵州航空工业集团“军转民”过程中的产物，其原型车是日本富士重工的微型汽车斯巴鲁 REX。云雀同样是通过 CKD 模式起步，最终拿到了生产微型轿车的资质。

贵州云雀 WOW

“八五”时期，在党和国家的科学规划和干预调控之下，汽车制造企业逐步形成规模生产的能力，私家车需求增长迅速，轿车迎来了跨越式发展。汽车工业取得的显著成就为我国达成 2000 年全面完成现代化建设的奋斗目标提供了信心和有力保障。

表 10-1　“七五”末期与“八五”末期汽车工业部分参数对比①

	轿车保有占比(%)	客车保有占比(%)	货车保有占比(%)	汽车车种数量(千种)	质量抽查平均得分(分)	平均故障间隔里程(千公里)
“七五末”	8.33	25.04	66.63	6.504	80.24	1.705
“八五末”	26.69	25.52	53.79	13.355	87.83	3.81776

① 数据来源：彦玉.汽车工业“八五”回顾[J].粉末冶金工业，1996(02)：13.

13 “九五” 时期（1996—2000）汽车工业的主要成果

1995年9月28日，中共十四届五中全会通过了《中共中央关于制定国民经济和社会发展“九五”计划和2010年远景目标的建议》。这是中国社会主义市场经济条件下的第一个中长期计划，也是一个跨世纪的发展规划。

1996年，在北京召开的全国机械工业会议上，机械工业部决定实施“九五”计划，全面启动振兴中国汽车工业，并要求把提高产品质量、推进组织结构优化和增强产品开发能力作为“三大战役”来打，使汽车工业在市场竞争中，逐步向国际市场靠拢，参与日趋激烈的国际竞争。①

汽车工业“九五”时期发展的指导思想是：继续贯彻落实汽车工业产业政策，以发展汽车零部件为基础，以发展轿车和重型车为重点，优化产品结构；以大集团为主，促进产业重组和集中投资，实现规模经营，建立自主的汽车技术开发体系。按照计划，预计到2000年，中国汽车产量将达到300万辆，其中轿车150万辆。

“九五”时期，我国面对的国内外环境发生了变化。国际上，经济全球化趋势进一步增强。1997年始发于泰国的金融危机迅速波及整个亚洲，使我国外贸出口增幅从前一年的20%猛跌至0.5%，利用外资额跌至20年来最低点。在国内，“九五”前期，针对通货膨胀率过高的突出矛盾，中央把抑制通货膨胀作为宏观调控的首要任务。通过综合治理，高通胀得到了有效控制，需求过热的局面得以扭转，国民经济顺利实现了“软着陆”。而在后期，在出现有效需求不足后，

① “九五”中国汽车工业展望[J].中国橡胶，1996(08)：32.

又适时通过增加投资、刺激消费等措施，实现了国民经济持续、快速、健康的发展。

2000 年，全国实际生产汽车 2068186 辆，其中轿车 608445 辆，均未达到预期。这和“九五”后期国内外形势变化有直接关系。

不过，依照原有的计划和指导思想，“九五”时期，我国汽车工业依然取得了十分丰富的成果。

为提高产品质量，“九五”期间，机械部发布了《汽车工业“九五”质量发展规划》（以下简称《规划》）。《规划》提出，到 2000 年，确保国产汽车的市场占有率有绝对优势，全行业各企业的质量管理都要达到 GB/T 19000—ISO9000 的要求，确保汽车安全、污染控制等各类指标达标且进一步接近国际水平。同时，还出台了汽车、摩托车质量保证期方案，逐步提高质保要求，促进企业提高产品质量（表 13-1）。

表 13-1　“九五”期间国产汽车摩托车质量保证期方案

实施日期			1997 年 1 月 1 日				1999 年 1 月 1 日				
质量保证主要范围			汽车摩托车（易损件由企业另定）		汽车重要部件：安全件、环保件		汽车摩托车（易损件由企业另定）		汽车重要部件：安全件、环保件		车身耐腐蚀（穿孔）
车辆类别	货车按总质量（Q）分类 客车按车长（L）分类 轿车按发动机排气量（V）分类		质量保证期		质量保证期		质量保证期		质量保证期		质量保证期
			时间（年）	里程（万公里）	时间（年）	里程（万公里）	时间（年）	里程（万公里）	时间（年）	里程（万公里）	时间（年）
	客车与货车	微型：$Q \leqslant 1.8$ t $L \leqslant 3.5$ m	1.0	2.0	2.0	4.0	2.0	3.0	2.5	6.0	—
		轻型：1.8 t<$Q \leqslant 6.0$ t 3.5 m<$L \leqslant 7.0$	1.5	3.0	2.5	6.0	2.0	4.0	3.0	8.0	—
		大（重）中型：Q>6.0 t L>7.0 m	1.5	4.0	2.5	8.0	2.0	5.0	3.0	10.0	—
	轿车	微型：$V \leqslant 1.0$ L	1.0	2.0	2.0	4.0	2.0	4.0	3.0	8.0	3.0
		普通：1.0 L<$V \leqslant 1.6$ L	2.0	3.0	3.0	6.0	3.0	5.0	4.0	10.0	5.0
		中、高级：V>1.6 L	2.0	4.0	3.0	8.0	3.0	6.0	5.0	10.0	5.0
	摩托车	$V \leqslant 50$ cc	1.0	0.6	—	—	1.0	0.8	—	—	—
		50 cc<V<250 cc	1.0	0.8	—	—	1.0	1.0	—	—	—
		$V \leqslant 250$ cc	1.0	0.8	—	—	1.0	1.5	—	—	—

1.合资项目

汽车工业在“九五”时期继续对外开放，国际合作得到进一步加深。上海通用、广州本田、南京菲亚特、长安福特、悦达起亚等多个合资项目相继落地或签约。

1997年3月25日，上汽集团与美国通用公司正式在北京人民大会堂签订了合资协议，时任国务院总理李鹏与美国副总统戈尔出席了签约仪式。上海通用总投资额超过15亿美元，上汽和通用双方各占50%股份。1997年6月12日，上海通用汽车有限公司成立。同一天，通用汽车与上海汽车工业（集团）总公司共同成立了泛亚汽车技术中心有限公司，这是国内第一家中外合资汽车设计开发中心。1998年12月17日，第一辆上汽通用别克新世纪下线，一个全新的合资汽车品牌诞生。自此以后，上汽和通用开展了更多深入合作，从单一品牌到多品牌[①]，从产品设计到零配件制造，从国内到国外，双方的合作几乎涵盖了汽车全产业链。

第一辆上汽通用别克新世纪下线

① 上海通用于2004年和2005年分别导入和发布了通用的凯迪拉克和雪佛兰品牌，产品覆盖了经济型轿车和豪华轿车。

1998年，广州标致黯然离场，广州本田接替上马。5月7日，广汽本田汽车有限公司合同章程签字仪式在广州花园酒店举行，标志着广州轿车项目将由“一个项目、两家公司、三方股东”构成。其实在1997年，广汽、东风和本田在就这一项目进行谈判时，因为合作模式的问题已经陷入胶着状态，各方又都坚持不愿让步，谈判进展十分缓慢。在1998年城镇住房制度改革等一系列政策刺激下，各方（特别是本田方面）不愿意放弃市场机遇，从而加速了谈判的进展。1998年7月1日，在广州标致留下的旧厂房里，广州本田汽车有限公司正式成立。1999年3月26日，第一辆2.3L雅阁从广州本田的生产线下线。合资品牌广州本田驶入中国的大街小巷。

广州本田的生产线下线的第一辆2.3L雅阁

1999年4月，南汽与菲亚特扩大合作，合资组建了南京菲亚特汽车有限公司，双方各持股50%，总资产30亿元。这一年正值菲亚特品牌诞生100周年，也是菲亚特进军中国乘用车市场的开局之年。2002 年 1 月，菲亚特在中国市场推出第一款轿车派力奥（Palio），起售价格 6 万元。当时派力奥的主要竞争车型是起售价格 10 万元左右的大众 Polo，派力奥价格优势十分明显，很快就受到了市场的青睐。

菲亚特派力奥

2000 年 11 月，福特汽车公司与长安汽车集团在北京签署了合资协议。长安在与铃木的合资中尝到了甜头，一直在寻求跟其他成熟品牌合作的机会。而福特从我国对外开放开始，就在积极尝试进入中国市场。福特在研究和中国汽车企业合资的可能性问题时，先后和东风、沈阳松辽汽车、湘潭江南汽车等都有过接触，但始终没有达成合作。1992 年，福特还专门在北京设立了代表处。之后，福特先后和中方企业合资成立了多家合资零配件企业，并于 1995 年与江铃汽车签署“江铃—福特长期合作协议”。1997 年，福特增持了江铃汽车的股份，占股达到 29.96%。两家公司正式联合开发的第一款汽车全顺（Transit）于同年 12 月 2 日在江西南昌的总装线下线。江铃福特品牌的商务车驶进中国汽车市场，江铃福特也成为福特在中国的第一个合资汽车项目。

而相较于商务车，乘用车才是福特的主战场，所以福特一直在寻求轿车的合资项目。直到“九五”末期，福特终于和长安牵手。

江铃与福特合作签约现场

长安福特汽车有限公司成立仪式

1996 年 10 月，江苏悦达股份有限公司和韩国的起亚汽车公司正式签订了技术合作协议，悦达成功引进了起亚普莱特（Pride）全套的生产技术，悦达牌汽车诞生，代号 YQZ6370。1998 年 5 月，江苏悦达股份有限公司与现代汽车公司签订了合资合同[①]。第二年 4 月，盐城悦达起亚汽车有限公司正式挂牌

① 1998 年 10 月，起亚被现代汽车集团并购，一切资产都划归现代所有，起亚品牌的经营权也是如此。

成立，总投资2980万美元，注册资本1500万美元，双方股权比例为悦达70%、起亚30%。2000年1月26日，悦达集团与韩国现代汽车集团在人民大会堂签署了扩大汽车项目合资合作协议。同年10月，悦达起亚汽车有限公司股权结构调整为悦达50%、起亚30%、现代20%。

2.自主汽车项目

除合资项目以外，其他资本结构的自主汽车项目在“九五”期间也十分活跃。

从数量来看，“九五”期间，列入《2000年全国汽车、民用改装车和摩托车生产企业及产品目录（总目录）》内的生产企业有122家。其中八成的汽车厂年产不到1万辆，还有十多家年产在个位数。这些企业之所以可以存续，是因为靠着“壳资源”就能过得丰衣足食。因为当时轿车项目审批难，很多没有生产资质的企业都只能依靠购买“准生证”才能造车。政策保护了这些体制内的“劣币”企业，却又让很多体制外有潜力的企业寸步难行。

因为厂点多，规模小，生产成本高，再加上“九五”中期市场需求没有明显增长，汽车市场整体生产能力呈现过剩的态势，导致国家对汽车项目的管控更为严格。1997年国务院24号令明确指出，今后全国上下，无论何种资本结构，都不得再批准汽车项目。

就是在这样的环境下，依然有多种资本结构的自主汽车项目以各种形式入局汽车制造业。

（1）吉利汽车

吉利汽车是典型的民营企业制造汽车的代表。

从1993年左右开始，李书福就想要造汽车，而且一直在探索。哪怕政策不允许，哪怕没有任何技术，哪怕得不到支持，他都固执地在往这个目标奋斗。他的执着让他成了国内有名的“汽车狂人”。

他直接去找过属地相关部门，都告诉他：不可能！最严重也是最直接的问题就是根本没法立项，国家不可能批准。1993 年，李书福收购了浙江临海一家有生产权的国有邮政摩托车厂，利用造摩托车“曲线救国”。1999 年，吉利摩托车产销 43 万辆，实现产值 15 亿元。不过，对李书福来说，造摩托车只不过是为了造汽车而采取的“缓兵之计”。

汽车项目暂时批准不了，他就先解决厂房。1996 年，他以造摩托车的名义向临海市申请了一块地皮。

生产不了，可以先研发。1997 年，李书福买了两台刚刚换代的奔驰 E 级，拆散了测绘仿制。他又买了一汽红旗轿车的底盘，其实就是奥迪 100 的底盘，包括前后桥、发动机和变速箱。奔驰 E 级的外观，再加上红旗的底盘，李书福的第一辆车就这么“拼装”出来了，被命名为吉利一号。

吉利一号

有了样车，接下来就得想办法上目录。上轿车目录肯定是没指望的，就先上客车目录。李书福以 2400 万的投资换取了德阳汽车厂 70%的股份，与德阳监狱合资成立了四川吉利波音汽车有限公司。

能上目录，但产品得是客车。为了尽快搞起来，吉利铤而走险打了个“擦边球”，生产两厢车。于是，吉利以夏利为原型，又参考了当时市面上的安驰

（江淮当年生产的小型车）和中华子弹头（1994—1998 年生产），逆向开发出了吉利的第一款量产车——豪情 6360。1998 年 8 月 8 日，吉利波音汽车有限公司生产的第一辆豪情 6360 正式下线……

豪情 6360 车型下线

整个“九五”期间，李书福都在带领着吉利克服各种困难，只为能够实现制造汽车的梦想。正是李书福的执着和坚持，让吉利汽车在中国入世前夜获得了国家认可，成为第一个获得生产轿车资质的民营企业。

（2）奇瑞汽车

奇瑞汽车是“九五”时期地方政府探索制造汽车的典型。

生产奇瑞汽车的是安徽省汽车零部件公司，由隶属安徽地方财政的安徽省投资公司、安徽省担保公司、芜湖市建设投资公司和芜湖市开发技术投资公司于 1997 年 1 月 8 日一起出资成立。之所以用“零部件公司”的名字，也是因为当时国家对轿车项目限制太严。

这个项目的启动要更早，大约比公司成立要早。这个项目的内部代号是“951 工程”，据说是“国家九五期间安徽头号工程”的简称，也侧面说明安徽省和芜湖市对这一项目的重视程度非同一般。

1991 年 6 月，淮河、长江支流滁河、洞庭湖的澧水和安徽的水阳江都发生了特大洪水，全国有18个省、自治区、直辖市遭受洪涝灾害，安徽就是其中之一。灾后，安徽为了改变落后的现状，决定寻求新的支柱性产业。此时，芜湖提出了要建“汽车城”的计划，安徽省不仅同意了，而且还大力支持。

芜湖起初的尝试也是制造微型汽车，于1992年10月成立了芜湖特种车辆厂，后来更名安徽通宝汽车制造有限公司。安徽通宝汽车实际是由芜湖新芜区政府出面和军工单位五七二零厂合资成立的，也算是有军工背景。轿车生产的审批虽然管得严，但可以申请生产国家客车目录中以“6”开头的产品。各类微型车都在这个名录下，非体制内的汽车企业多数也都是靠着这个空子开始生产乘用车的。

通宝汽车的底子太差，汽车产品落后、质量差，很快就被淘汰了。不过，通宝汽车前后一共生产的4000多辆汽车实现了几个亿的产值，这让安徽省政府坚定了要发展汽车制造业的决心。这也是安徽在那个时期明明没有条件，却也要创造条件造奇瑞的原因。

1995年，芜湖市政府汽车项目的相关工作人员在欧洲考察时得到消息，福特在英国的一条发动机生产线要出售。芜湖市政府决定抓住这个机会把汽车项目干起来，于是就有了“951工程”。“951工程”正好顶着零配件企业的名号，收购这些设备不光顺理成章，还能为制造汽车铺好路。

1997年1月8日，安徽省汽车零部件公司成立，这一天被认定为奇瑞汽车的起点。

“951工程”的目标一开始就是制造汽车，所以很多跟整车制造的工作在发动机生产线的在建过程中就已经启动了。尹同跃在捷达的总装车间工作过，对捷达再熟悉不过了。所以奇瑞第一款车型的底盘主要是模仿捷达，车身设计主要是模仿西雅特品牌的A级车Toledo。制造车身模具的相关工作在1998年2月14日就启动了，奇瑞请了台湾地区的一家模具公司——台湾福臻公司开发模具。为了保证工作进度，奇瑞专门请了一位从一汽退休下来的老工程师去台湾“监工”。

1999 年 12 月 18 日，第一辆奇瑞风云轿车在芜湖下线。因为没有“身份”，奇瑞汽车只能小范围推广，销量十分有限。2000 年 6 月 9 日，公安部交通管理局发布了《关于禁止给奇瑞牌轿车办理注册登记的通知》，并且抄送全国各省市。文件明确提出，经向国家计委和国家机械工业局了解，安徽的“奇瑞”车既未经过国家计委批准立项，也未列入《2000 年全国汽车、民用改装车和摩托车生产企业及产品目录（总目录）》。根据国务院和相关部委规定，不得给“奇瑞”车办理注册登记。《中国青年报》同年 12 月 7 日还刊发了题为《成都出现怪事：禁上牌照的轿车居然可以上市销售》的报道。

1999 年 5 月 8 日，奇瑞公司第一台发动机下线庆典

“九五”期间，奇瑞汽车凭借地方政府的支持和专业人才的加持，十分高效地掌握了制造汽车的能力。“十五”期间，奇瑞通过与上汽合资，间接获得了生产资质，正式步入正轨。

2003 年 8 月 28 日，奇瑞汽车工程研究院举行开工典礼

此时的奇瑞全称是“上汽集团奇瑞公司”

(3)华晨中华

除此之外,华晨中华项目是通过资本运作在“九五”时期落地的典型。

1990 年,仰融认识了当时沈阳金杯汽车股份有限公司的董事长赵希友。赵希友当时还有一小部分沈阳金杯的股票没有卖出去。仰融以每股 1 元的价格买下剩余的所有股票,一共 4600 万股。

这些股票对仰融来说有两大意义:一是投资,只要以后沈阳金杯能够上

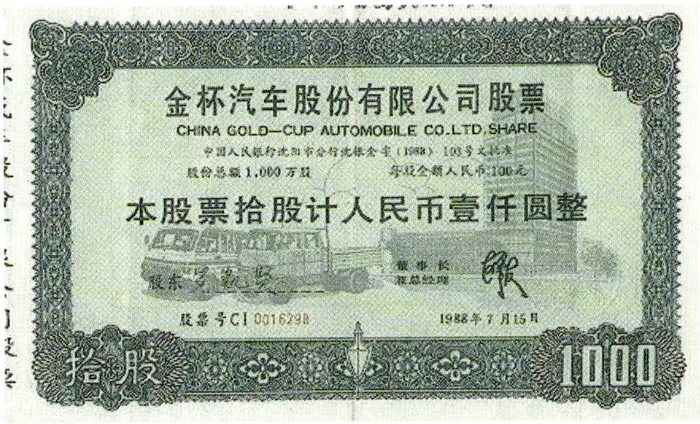

金杯汽车的股票（1988 年）

市，他的股票就能增值变现；二是入行，他借此机会正式进入了汽车行业。

仰融利用金融资本在汽车业大展拳脚，给全行业上演了一出资本运作的大戏。1992年6月，仰融在海外成立了一家公司——华晨中国汽车控股有限公司，香港华博财务公司100%持股。之后以股权置换的方式，沈阳金杯汽车用所持金杯客车11%的股权换取了华晨中国21.57%的股份，仰融也由此将在金杯客车的持股提升到51%。1992年10月9日，华晨中国汽车控股有限公司（上市后的代码是CBA）在纽约证券交易所挂牌上市。CBA成为社会主义国家在纽约上市的第一支股票。

华晨中国第一次为中国汽车工业接通了金融管道。这让华晨造汽车有了足够的资本，也有了足够的底气。

1997年6月，华晨正式启动了开发"中华"轿车的项目。仰融的思维和当时国内的绝大多数汽车企业的管理者都不一样，他开发轿车的理念是"中华在我心中，世界为我所用"。

他从不心疼花钱，比如为了轿车的设计够好，他花了6200万美元邀请意大利的设计大师乔治·亚罗（Giorgetto Giugiaro）主持设计工作。再如，在沈阳的工厂里，他采购的设备也都是世界一流的产品，库卡公司的焊接线、杜尔公司的涂装线、申克公司的总装线，和当时上汽的合资企业是相同的供应商。中华轿车重要的总成和配件也都找的是国际著名的汽车厂商作为供货商。

中华轿车

第一款中华轿车长 4.88 m，风阻系数 0.293，在当时的自主轿车竞争序列中的确实力不凡，相比合资品牌又有明显的性价比优势。而且，华晨拥有中华轿车的全部知识产权。

3.自主开发

为了能建立自主的汽车技术开发体系，不少企业在“九五”期间也在积极探索。

(1)一汽奥迪

比如在一汽大众奥迪项目中，一汽尝试主动参与到车型开发中。1996 年 1 月，一汽和奥迪签署了联合开发奥迪 A6(C5)的协议。当时，中方提了一个要求，就是要开发加长版的 A6。奥迪的工程师起初不能理解这一要求，因为他们觉得 A6 作为 C 级车，空间已经足够大了，为什么还要多此一举加长呢？这主要还是和使用场景有关。欧美地区，购买 C 级轿车的用户有九成都是自己买自己开，对后排空间的要求并没有那么大。但在中国地区，奥迪 A6 一类的豪华轿车基本都是领导的座驾，领导一般又都是坐在后排，自然对后排空间的舒适性要求更高。经过一系列的调研之后，奥迪最终同意，为中国市场开发加长版的奥迪 A6(C5)。这说明，此时单纯的技术转让已经不能满足我国的市场需求了。

最终，奥迪负责开发，一汽大众支付开发费用，加长版的知识产权归属一汽大众。从这时候开始，专属中国市场的加长版车型就注定会成为中国市场的一种“流行时尚”。同时，知识产权的积累，也为我国提升自主开发能力提供了保障。

(2)上汽通用

再如，上汽通用项目中，除了成立合资汽车公司之外，上海汽车工业(集团)总公司和上海通用汽车有限公司还在同一天成立了泛亚汽车技术中心有限公司，成为国内第一家中外合资的汽车设计开发中心。这无疑可以增加我国的自主开发能力。

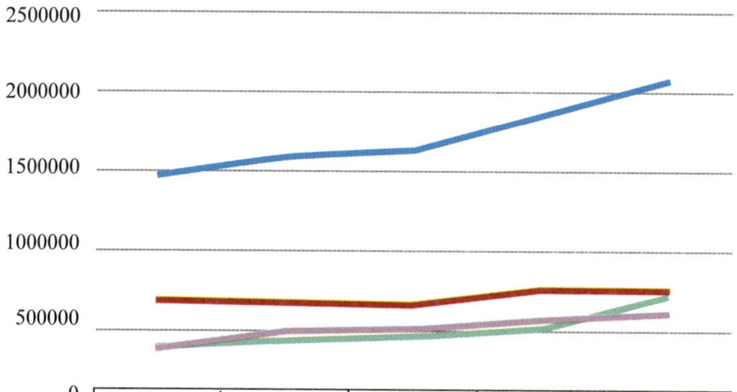

	1996 年	1997 年	1998 年	1999 年	2000 年
汽车总产量(辆)	1474905	1582628	1627829	1831596	2068186
载货汽车(辆)	688614	659318	661701	756312	751699
客车(辆)	395192	435615	459025	509179	709042
轿车(辆)	391099	487695	507103	566105	608445

中国“九五”时期汽车产量分类型数据①

“九五”时期，我国汽车工业在复杂的环境下，实现了整体稳定增长。技术转让已经不能满足我国市场的需要，合资企业逐渐成为我国汽车工业发展的主力军。伴随着发展一道出现的，还有我国政策法规和市场发展之间的矛盾，这也为“十五”时期汽车行业进一步深化改革提供了方向。

① 数据来源于《2013 年中国汽车工业年鉴》。

14 “十五”时期（2001—2005）汽车工业的主要成果

2002 年 10 月召开的十六大，宣告我国社会主义市场经济体制初步建立。2003 年召开的十六届三中全会，通过了《中共中央关于完善社会主义市场经济体制若干问题的决定》，标志着中国经济体制改革进入完善社会主义市场经济体制的新时期。

“十五”计划是中国进入新世纪的第一个五年计划，也是我国市场经济体制下的第一个五年计划，与此前多个五年计划有很大不同。以往各个五年计划的主要目标偏重于经济增长速度，“九五”计划则加进了体制改革目标，“十五”计划的主要目标范围进一步扩大，涵盖经济增长、改革开放和社会进步等多个方面，是一个目标比较全面、强调均衡发展的五年计划。

2001 年 3 月 15 日，第九届全国人民代表大会第四次会议批准通过了《中华人民共和国国民经济和社会发展第十个五年计划纲要》。两万字的《纲要》中，有八个字对中国汽车工业的发展起到了至关重要的作用："鼓励轿车进入家庭"。

虽然“94 版汽车工业产业政策”就已经认可了普通老百姓购买汽车的权利，但“鼓励”意味着中国将同发达国家一样，将乘用车作为重要的工业产业来大力发展，始终严管的轿车生产资质也将会逐步放开，各类汽车企业的“黑户”轿车产品终于看到可以获得合法身份的希望了……

基于此，“吉利牌 JL6360 型”出现在了年底颁布的《车辆生产企业及产品（第六批）》（国家经贸委公告 2001 年第 21 号），民营企业造的汽车终于得到了政府的认可。已有的轿车产品也不再只关注公务用车市场，而是将私家车视作必争之地。有人总结过，2001年是“中国家庭轿车的起步年”。

2001年也是中国的WTO元年，这对中国汽车工业的影响不可谓不大。一方面许多跨国公司会把中国作为全球扩张的战略重点，对中国市场的投资规模会更大，覆盖面会更广。整车的进口关税会越来越低，进口车市场会逐步放开；零配件的关税也会大幅度下降，进一步丰富企业在中国的生产模式。另一方面，中国低廉的技术人力资本可以得到更大化的利用，中国车企也可以走向世界，在全球范围内优化资源配置。合资企业的审批权限会逐渐放开，多种多样的合资模式逐渐被允许。

这意味着“无形的手”会逐步放下对中国汽车工业的保护，给予企业更多自主发展的权利。相比国际汽车工业的发展水平，中国的汽车工业还算稚嫩，此后将不得不面对众多国际大牌企业的冲击，在逆境中让自己成长并且壮大。

“十五”时期，扩大开放对中国汽车工业的影响是根本性的。国产汽车企业几乎都是怀着既期待又恐惧的心情，颤颤巍巍迈入“十五”的。

中国加入WTO时，许多的中国汽车企业并不高兴，担心进口汽车会严重冲击国内的汽车产业。也是因为这一点，在我国加入世贸组织的谈判中，开放汽车市场是谈得最艰苦的内容之一。

长城汽车董事长魏建军就曾经坦言：“2001年，一讲WTO就觉得中国的汽车工业要崩溃。那个时候我们也是刚刚涉足整车业务，因为以前我们是改装公司，所以说那时候对我们的压力非常大。”这样的担心是有一定道理的。虽然在改革开放以后，国内不少汽车企业都和国际汽车企业开展了合作，但汽车工业发展整体水平较发达国家还是有很大差距的。而且，有许多民营汽车企业都才刚刚起步，基础薄弱，缺乏成熟的技术和产品，所以这种担心在所难免。

事实证明，中国加入WTO不仅没有让汽车工业“崩溃”，反倒越来越壮大。

按照《中国加入世界贸易组织议定书》的规定，我国将于 2005 年起取消汽车及其关键部件的进口配额、许可证管理。也就是说，从加入 WTO 开始，中国有三年时间作为缓冲，调整状态，迎接挑战。这三年被称为"三年保护期"，是给众多中国汽车企业争取到的宝贵的自救时间。

这三年里，中国市场的进口汽车逐步呈现出了一些新的特征，主要包括：①档次越来越高，平均进口单价超过了 3 万美元；②排量越来越大；③基本上是国内不能生产的车型。进口轿车的整体数量也在增长，2003 年进口整车（含整套散件）数量相比 2001 年增加了 10 万辆。不过，进口轿车在新增轿车中的占比却一直在下降。2001 年的占比是 6%，到 2005 年占比数据变为 5%。

中国加入 WTO 对中国汽车工业的刺激作用是非常大的，从轿车销量数据的变化就能看到明显的特征。2001 年，中国的轿车产量是 70 万辆。2003 年，中国的轿车产量超过了 200 万辆，同时汽车的总产量也第一次超过了 400 万辆。

中国在加入 WTO 以后，汽车工业能够有这么高的增速，主要有三个影响因素：一是进出口市场高速发展；二是合资品牌百花齐放；三是自主车企抓紧机遇，奋发自救。

（1）进口品牌

入世以后，中国汽车的进出口市场打开了全新的局面。

出口实现巨大突破。"十五"期间，国内主要汽车生产企业开始走向国际市场，向国外出口整车、提供成套散件、建立合资生产厂等，取得了初步的进展。中汽联外事部的数据显示，2005 年我国汽车整车（含成套散件）出口 164258 辆，首次出现出口数量大于进口数量（表 14-1）。

2005 年，我国进口汽车整车 161324 辆，金额近 52 亿美元。2005 年，我国出口汽车整车 164258 辆，金额近 16 亿美元（表 14-2）。从这一数据对比可以看出，我国当时出口车辆的平均成交价不到进口汽车的三分之一，说明国产汽车的价格整体偏低。

表 14-1 “十五”时期全国汽车进出口量（分车型）[1]

年份（年）	进口			出口		
	合计（辆）	载货车（辆）	轿车（辆）	合计（辆）	载货车（辆）	轿车（辆）
2001	71398	3138	46632	26073	8527	763
2002	128195	6692	70329	28645	10520	969
2003	171710	9862	103017	45777	26142	2849
2004	175654	8078	116085	136258	52796	9335
2005	161324	3032	76542	164258	100153	31125

表 14-2 2005 年我国进出口汽车数据对比[2]

类别	进口整车	出口整车
数量(辆)	161324	164258
交易金额(亿美元)	52	16
平均成交额(美元)	3223.33	974.08

除了汽车进出口数量的明显变化，国内市场最大的变化就是出现了众多全新的汽车品牌和车型。越来越多的汽车通过进口进入中国市场。

2001 年，保时捷 911(996)和 Boxster(986)进入中国。保时捷 2001 年全年在中国市场只卖了 21 辆，2002 年只卖了 27 辆。

① 数据来源于《2013 年中国汽车工业年鉴》。
② 同上。

保时捷 911（996，第五代 911）

保时捷 Boxster（986）

2002 年，路虎神行者和发现两个品牌通过进口进入中国市场。2003 年，路虎旗舰 SUV 揽胜也进入中国。2004 年，捷豹品牌也被引入中国，首款进口车型为捷豹 XJ，紧随其后，捷豹又为国内消费者带来了 S-Type。

2002 款路虎神行者

2004 款捷豹 XJ

2002 年的北京车展上，宾利将标价 888 万元的宾利雅致 728 豪华加长轿车卖给了中国人，据说当时还有多位富豪争相抢购。2003 年，宾利又推出了欧陆 GT。

宾利雅致 728

2002 年起，双龙的 SUV 车型 Rexton 和顶级轿车陆续通过进口方式进入中国市场。

2002 款双龙 Rexton

2003 年，劳斯莱斯品牌正式进入中国市场，中国汽车市场的价格上限再次被突破。

2003 年，同属宝马集团的 MINI 品牌也被带入中国。虽然前 5 年的年销量仅有两三千台，但凭借出色的文化营销以及不断扩充的产品线，MINI 很快使中国成为该品牌在全球发展最快的市场。

2004 年，斯巴鲁正式进口到中国市场，首批推出的车型包括力狮、傲虎、翼豹、森林人等，都采用了水平对置发动机和左右对称全轮驱动系统。

2004 款斯巴鲁森林人

2004 年的北京车展上，戴姆勒旗下迈巴赫 57 与迈巴赫 62 首次与国内消费者见面，标志着迈巴赫正式进入中国市场。

迈巴赫 62

2005年，兰博基尼在中国的第一家展厅落户上海，同时带来了当年在法兰克福车展上全球首发的兰博基尼 Gallardo Spyder 跑车，标志着兰博基尼正式登陆中国市场。

兰博基尼 Gallardo Spyder

2005年，根据中美两国签订的双边贸易协定，福特也将林肯领航员出口到中国销售。

2005年2月，雷克萨斯在中国的第一家经销店开业，为了挑战奔驰、宝马、奥迪（BBA）等豪华车品牌在中国的固有优势，雷克萨斯推出了4年10万公里的保修和免费保养服务……

欧、美、日、韩等，几乎所有汽车发达市场的主流品牌都在“十五”时期被进口到中国。而且，此时的进口汽车已经和国产汽车形成了明显的差异化竞争——进口汽车的价格基本都远高于国产汽车。

（2）合资品牌

“十五”时期，随着我国对轿车的需求被进一步释放，各国的汽车公司都集中火力，开始向已经更加开放的中国市场大规模“进军”，更多的合资项目相继落地。

2001年4月25日，长安福特汽车有限公司正式成立，长安汽车股份有限公司和美国福特汽车公司共同出资9800万美元，双方各持股50%，合资期限为50年。双方在当时合同约定的产品规划中，并不局限在福特品牌的汽车，还包含了福特已经完全掌握的沃尔沃和控股的马自达。14个月之后，长安福特的第一家整车工厂就在重庆完工。2003年1月18日，长安福特嘉年华作为福特在中国投产的第一款轿车正式下线。这是一款三厢版嘉年华，外观源自专为印度市场打造的福特Ikon，底盘源自第五代福特嘉年华。

长安福特第一款轿车嘉年华

2001年11月27日，东风、悦达、起亚三方在北京签署合作协议。2002年3月29日，东风、悦达、起亚重组合资合同签约仪式在南京金陵饭店举行，注

东风、悦达、起亚重组合资合同签约仪式

册资本7000万美元，核定总投资额9800万美元，韩国起亚自动车株式会社出资3500万美元，占公司注册资本的50%。东风、悦达、起亚的股比是25∶25∶50，中国第一次出现了“中·中·外”的合资模式。11月18日，东风悦达·起亚千里马正式下线，开启了起亚的中国之旅，也开启了悦达集团汽车制造的新征程。

2002年4月29日，北京汽车工业控股有限责任公司与韩国现代自动车株式会社签署战略合作协议。同年10月18日，北京现代汽车有限公司挂牌成立。为了抓住中国市场在入世之初的发展机会，北京现代以“速度”制胜。公司成立一个月之后，北京现代第一工厂的第一款车型索纳塔（Sonata）就驶下了生产线。12月23日，索纳塔的新车发布会在北京饭店举办。北京汽车工业也步入了可以自产轿车的时代。一年后，2003年12月28日，北京现代又推出了伊兰特（Elantra）。一年多时间推出两款新车，北京现代迅速在两大重要的细分市场完成布局。

2002年4月29日，北汽和现代签约现场

2002年8月29日，丰田与一汽在北京人民大会堂签署全面合作协议，股比50∶50，丰田全线进入中国。“全面合作”是指一汽丰田将成为丰田在中国

的唯一一家合资公司，此前的“天津丰田”和丰田与四川旅行车制造厂合资的“四川丰田”都将由一汽收编，自此中国市场只有“一汽丰田”。

2002 年 8 月 29 日，一汽与丰田签约现场

2002 年 9 月 19 日，日产总裁兼首席执行官卡洛斯·戈恩和时任东风公司总经理苗圩在北京钓鱼台国宾馆正式签署长期战略合作协议，拉开了双方全

2002 年 10 月 25 日，东风与 PSA 签约现场

面合作的序幕。2003 年 6 月 9 日，东风汽车有限公司正式成立。东风汽车有限公司注册资金达 171 亿元，是国内首家拥有全系列卡车、轻型商用车和乘用车产品的中外合资汽车公司，也是迄今为止中国汽车行业规模最大、层次最深、内容最广泛的对外合资项目。对日产汽车来说，东风汽车有限公司是日产历史上仅次于美国投资项目的海外第二大投资项目。同年 6 月 16 日，东风汽车有限公司乘用车公司正式宣告成立，第一款新车——日产阳光轿车下线。2002 年 10 月 25 日，东风汽车有限公司与法国 PSA 集团签订了扩大合作的合资合同，将把标致品牌引入中国，标志着标致品牌在和广汽"分手"五年之后，终于重返中国市场。2004 年 4 月 21 日，东风标致 307 在武汉正式下线。

2003 年 5 月，由华晨与宝马共同设立的合资企业——华晨宝马汽车有限公司成立，首款国产车型为 BMW 325i。同年，华晨宝马推出了 530i 轿车，是当时在中国生产的技术含量最高、配置最丰富、性能最优异的豪华商务汽车。

2003 年 3 月 27 日，华晨汽车与宝马集团正式签约成立合资公司

2003 年 7 月 16 日，东风本田汽车（武汉）有限公司成立，注册资本为 2800 万美元，东风汽车公司与本田技研工业株式会社各占 50%的股份。东风和本

田通过改组武汉万通汽车有限公司，共同组建了东风本田，随后改造万通汽车原有的工厂，投产本田车型；新增投资总计大约4400万美元，改造工程包括焊接、涂装、总装和整车检测等。

东风本田汽车（武汉）有限公司成立大会现场

2004年2月25日，丰田和广汽合资成立了广州丰田发动机有限公司。这家公司生产的发动机主要是以外销为主，也是国内首个以出口外销为主的汽车发动机合资项目。其实，这个项目也是在给即将签署的整车合资项目做铺

广州丰田汽车有限公司成立仪式现场

垫。同年9月1日，广州丰田汽车有限公司正式成立，由广州汽车集团股份有限公司和丰田汽车公司按50：50的股比共同投资建设和经营，投资总额38.21亿元人民币，合资年限30年，注册资本84223万美元。11月8日，广州丰田的第一条生产线破土动工。

2004年6月，上汽通用发布了旗下第二个合资品牌——凯迪拉克。2005年3月，凯迪拉克迈出了国产化的第一步，先后将SRX、CTS采用散件组装形式进行生产，2006年11月又针对中国消费者喜好，推出了长轴距车型SLS赛威。

2004年6月7日晚，凯迪拉克在紫禁城太庙举行了隆重的首发仪式

2005年2月，上汽通用发布了雪佛兰品牌的首款国产轿车——新赛欧，雪佛兰品牌也正式以合资身份进入中国市场。此前，金杯与通用的合资公司曾将雪佛兰SUV开拓者和S-10双排座皮卡引入国产。2004年3月，上汽通用、上汽集团和通用中国携手，对金杯通用进行了重组。随后，雪佛兰品牌还推出了景程、乐骋、乐风、科鲁兹等车型，以满足不同消费者的需求。

2005年3月1日，中国第一汽车股份集团公司、一汽轿车股份有限公司、日本马自达汽车株式会社共同出资成立了一汽马自达汽车销售有限公司。公司注册资金1亿元人民币，三方初期出资比例为一汽集团5%、一汽轿车70%、日本马自达25%。这是当时中国国内唯一从事马自达品牌汽车产品销售的合营销售公司，将负责销售现已在中国投放的Mazda 6以及今后在中国生产的任何马自达品牌车型及它们的备件、附件和工具。一汽和马自达的合资模式与其他企业的合资不一样，仅仅是合资成立了销售公司，产品依然是延续授权生产的方式。

一汽马自达汽车销售有限公司正式挂牌

2005年6月10日，北京奔驰-戴姆勒·克莱斯勒汽车项目（BBDC，简称北京奔驰-戴克）获得了商务部批准，同年8月8日新公司在北京市工商局完成了注册。上一年10月，北汽和戴克集团就启动了对北京吉普的重组，股比调整为北京汽车工业股份有限公司占50%，戴姆勒·克莱斯勒股份有限公司占39.454%，戴姆勒·克莱斯勒（中国）投资有限公司占10.546%，合资期限至2032年。2005年12月22日，梅赛德斯-奔驰E级豪华轿车正式在中国上市，这是北京奔驰-戴克在中国投产的第一款梅赛德斯-奔驰品牌的车型。

（3）自主品牌

入世之后，进口汽车和合资品牌汽车对我国自主品牌造成了极大的困扰。面对高速增长的进口和合资汽车，自主品牌汽车如果跟不上增长速度，市场份额就面临被进一步挤压的风险。鼓励私家车消费释放出的市场就在那里，自主车企只有抓紧这一机遇，奋发自救。

入世之后，国内第一次出现了大规模“跨界造车”的局面。比亚迪、波导、奥克斯、力帆、五粮液、春兰、美的、小鸭等，各行各业都想搭上顺风“私家车”。几年下来，能存活的也只有力帆、比亚迪等少量企业。经过大浪淘沙，中国汽车产业完成了原始积累和规模上的扩大。

2001 年 1 月，安徽省汽车零部件有限公司正式更名为上汽集团奇瑞汽车有限公司。奇瑞向上汽转让 20%的股份，成为上汽集团旗下的新品牌。奇瑞借此机会，终于拿到了生产轿车的资质。同年奇瑞就生产汽车超过 2.8 万台，是前一年的 14 倍。2003 年 5 月，奇瑞经典车型 QQ 上市，迅速得到了年轻消费者的青睐。到 2005 年，奇瑞是中国自主品牌汽车中销量最高的一家。

2003 年 5 月 31 日，奇瑞 QQ 上市

2001 年 11 月，吉利正式获得生产资质，成为中国首家民营汽车企业。很快，优利欧和被誉为“中国第一跑”的吉利美人豹问世。2002 年 8 月，吉利收

购了上海杰士达，成立了上海华普汽车。

吉利优利欧

2001 年 12 月，华晨控股金杯汽车，华晨金杯通过引进丰田公司的生产技术，打造了海狮、阁瑞斯、锐驰等车型。

2002 年 11 月 26 日，华晨金杯与丰田合作推出的高档多功能商务车阁瑞斯正式上市

2002 年 3 月，采用现代 H-1 车型技术的江淮瑞风 MPV 下线，拉开了江淮汽车进入乘用车市场的序幕。江淮瑞风一经推出便大获成功，2002 年的销量

占国内大 MPV 总销量的 62%。

2002 年 3 月 18 日，江淮瑞风商务车上市

2002 年 5 月，已经下线一年多的华晨中华轿车终于登上了产品公告，同年 8 月开始投放市场。2004 年起，华晨中华陆续推出了尊驰、骏捷、酷宝等车型。

华晨中华轿车

2002 年 5 月，长城汽车认准了 10 万元以下经济型 SUV 市场的空白，推出了长城赛弗(Safe)。当年，赛弗就进入了全国 SUV 销量前三的行列。2003 年，长城首次荣登国内 SUV 市场销量冠军宝座。2005 年 3 月，长城又一力作——哈弗

CUV 投产。

长城赛弗

2002 年 12 月，江铃汽车陆风品牌的第一款车型陆风 SUV（后更名“陆风 X9”）问世。2004 年 11 月，江铃和长安汽车共同投资设立了江铃控股有限公司，陆风由此获得轿车生产资质，开始进军乘用车市场，推出了 MPV 风尚和轿车“风华”。

陆风 SUV

2003 年 1 月 13 日，王传福在香港宣布以 2.54 亿港币收购了陕西西安秦川汽车制造厂 77%的股份。比亚迪由此拿到了生产资质，正式进军汽车制造业。2003 年，比亚迪的镍镉电池产量达到 4 亿只，一举超过三洋，达到世界第一。再加上比亚迪已经完成上市，资金充裕，正是进军汽车制造业的大好时机。当年 4 月，比亚迪就在上海成立了汽车研发中心。秦川厂当时的主要产品是 2001 年 9 月推出的微型轿车秦川福莱尔，比亚迪收购之后主要生产的也是这款产品，改名叫比亚迪福莱尔。

比亚迪福莱尔

2003 年 1 月，铁牛集团成立了众泰控股集团有限公司。这一年被认定是众泰汽车品牌的诞生之年。众泰在积累有限的情况下，只能采取“拿来主义”，这也是很多民营资本甚至是国有企业在起步阶段的唯一选择。众泰了解到台湾地区正好有一家企业在出售一条丰田特锐的生产线，立马组织了人员去谈判。2005 年，众泰拿下了这条生产线，除了设备以外，还打包的有全套的模具、技术人员和管理人员。众泰通过这样的方式，以最高的效率使得挂有众泰品牌车标的产品得以下线。2005 年 6 月，众泰汽车生产的第一辆整车众泰 2008 成功下线，这款车和丰田特锐的外观几乎一模一样。此时众泰因为没有整车生产资质，无法单独生产和销售整车，只能通过挂靠的方式暂时解决产品销售问题。

众泰 2008

2003 年 6 月，重庆渝安集团与东风实业、东风汽车合资成立了东风渝安车辆有限公司。2005 年 5 月，第一辆东风小康微面上市，当年销售突破 1 万辆。2008 年，东风小康跻身中国微车行业前三甲。

2003 年 8 月，重庆力帆轰达实业（集团）有限公司收购了重庆专用汽车制造厂 80%的股份，并将企业名称改为重庆力帆汽车有限公司，产品商标由“北泉牌”改为“力帆牌”。力帆汽车也成功借壳诞生，作为汽车品牌的力帆就是从此起步的。2004 年 5 月，国家发改委颁布并实施了新的汽车产业政策。面对较高的准入条件，业界普遍认为，民营企业的造车之路就此封闭。力帆集团却凭借强大的实力，拿到了轿车生产资格。力帆集团也是新的产业政策实施后，第一个获得轿车生产资格的企业。2005 年 3 月 23 日，力帆品牌的第一款产品力帆 520 在德国国际汽车展上公开亮相，并于 2006 年 1 月 19 日全球同步上市，来自沙特阿拉伯、越南、俄罗斯、埃及、阿根廷等十几个国家的力帆经销商代表争相订购。力帆汽车利用摩托车积累的销售渠道，一上市就全球同步，起点算是非常高了。

第一代力帆 520

2004 年初，双环推出了与本田 CR-V 如出一辙的来宝 S-RV，让人们认识到国内还有这样一家车企，成立 15 年的双环第一次从幕后走到台前。尝到甜头后，双环又推出了有宝马 X5 影子的双环 SCEO、酷似 smart 的双环小贵族。这些带有模仿痕迹的作品也令企业官司缠身，一直处于舆论的风口浪尖。

双环来宝 S-RV

2004 年 12 月，上汽集团以 6700 万英镑收购了英国罗孚 75、25 车型的核心知识产权及K系列汽油发动机、L系列柴油发动机等技术，为日后推出自主品牌“荣威”打下了基础。

2005 年 7 月 23 日上午，MGR 集团（MG ROVER Group）的破产管理公司普华永道会计师事务所宣布：南汽成功竞购英国 MGR 集团。南汽由此获得了 MG 品牌的所有权和经营权。除此之外，还有一套完整的研发、生产设备，累计有 4507 台套设备；四个整车产品平台，有轿车、跑车等；三个系列发动机，包括 V6 发动机，2 L 和 2.5 L 柴油机；一个变速箱；一整套百年积淀的无形资产（南汽自己总结为“14311”）。南汽名爵项目即将在中国市场落地。2007 年 3 月 27 日，MG7、MG7L和MG TF跑车在南京名爵（MG）汽车有限公司南京浦口基地下线。

南京名爵 MG7

2005 年 9 月，吉利、华晨、陆风组团亮相法兰克福车展，这是中国品牌汽车自改革开放后首次参加国际顶级车展。

2005 年，法兰克福车展吉利展台，展车是中国龙，双门轿车

“十五”期间，我国还出台了一系列重要的政策法规，助力汽车工业健康高效的发展。2004 版《汽车产业发展政策》《道路交通安全法》《汽车贷款管理办法》《乘用车燃料消耗量限值》《轻型汽车污染物排放限值及测量方法》《汽车贸易政策》《汽车品牌销售管理实施办法》《二手车流通管理办法》《进口汽车零部件构成整车特征核定规则》等一系列政策，在或短或长的时期内都对我国汽车工业的发展产生了重要影响。

“十五”时期是我国汽车工业实现历史性跨越的重要时期。经过五年的快速发展，我国汽车产量从世界排名第八位上升到第四位，成为重要汽车生产大国和汽车消费大国；我国汽车工业增加值占国内生产总值的比重由“九五”末期的 0.97%上升到 1.56%，成为拉动国民经济增长的支柱产业；我国汽车产业保持着持续健康的发展势头。[①]

① 王裕平，陈光林，唐洋.“十一五”开局谋发展——记中国汽车行业年会[J].时代汽车，2006(04)，10-12.

15 “十一五”时期（2006—2010）汽车工业的主要成果

截至“十五”末，我国汽车工业在开放竞争中不断锻炼成长，已经形成了较为完整的汽车及零配件制造体系，制造工艺及管理水平接近世界先进水平，节能、环保、安全等领域的技术与世界先进水平的差距进一步缩小。商用车及中低价位经济型乘用车形成较强竞争力，自主品牌轿车国内市场占有率已由过去几乎为零增加到近30%，并已开始批量出口。“十五”期间汽车工业出口额以平均每年40%的速度增长，2005年实现出口总额达到167.7亿美元。还有部分企业已经开始尝试开展国际化经营。

从市场需求来看，私人购车的需求已经成为汽车市场的主流，并有望进一步扩大。

2006年3月14日，第十届全国人民代表大会第四次会议通过了《中华人民共和国国民经济和社会发展第十一个五年规划纲要》（简称《纲要》）。《纲要》提出“增强汽车工业自主创新能力，加快发展拥有自主知识产权的汽车发动机、汽车电子、关键总成及零部件。发挥骨干企业作用，提高自主品牌乘用车市场占有率。鼓励开发使用节能环保和新型燃料汽车。引导企业在竞争中兼并重组，形成若干产能百万辆的企业”。《纲要》中“自主”被连续强调了三次，说明“自主”必将是“十一五”时期的主题。

事实也的确如此，“十一五”期间合资汽车发展稳定，自主汽车亮点颇多。可以说，中国汽车工业的“十一五”属于“自主”。

依据《纲要》和《汽车产业发展政策》的指导精神，结合产业发展实际情况，

《中国汽车工业"十一五"发展规划》明确了"十一五"期间我国汽车工业发展的总体目标：汽车工业自主创新取得实质性成果，结构调整取得明显成效，安全、节能、环保及资源利用技术达到国际先进水平，扩大国际市场份额。汽车工业保持稳定增长，2010 年成为国民经济支柱产业。

"十一五"初期，我国汽车工业存在的诸多问题十分突出：产能过剩的苗头已经显现，并有可能进一步加剧；产业组织结构不合理，企业集团竞争优势不明显；产品结构调整相对滞后，技术进步和产品结构升级缓慢；自主开发能力较弱，过分依靠引进技术发展产品；零部件生产滞后于整车的发展，跟不上整车开发的步伐。我国在"十一五"时期就是要着手解决这些问题，保障汽车工业的进一步健康发展。

"十一五"期间，中国汽车工业取得了具有里程碑意义的成就，自主发展的探索取得了阶段性的成绩，并且正式开启了大力发展新能源的序幕。

1.自主品牌多元发展

"十一五"期间，自主发展的探索呈现多元化。原有自主品牌尝试开发高端产品，大国企依托合资背景纷纷启动了全新的自主品牌项目。受政策刺激影响，合资企业也纷纷推出"合资自主品牌"。这些探索有成有败，自主品牌在激烈的竞争中大浪淘沙。

"十一五"期间，我国自主乘用车品牌数增加了 148 个，其中自主轿车品牌增加了 72 个（表 15-1）。

表 15-1　2005—2010 年自主品牌数量[①]

年份	2005 年	2006 年	2007 年	2008 年	2009 年	2010 年
自主乘用车品牌数（个）	59	90	115	150	180	207
自主轿车品牌数（个）	28	35	48	68	83	103

① 数据来源于中国汽车工业协会。

(1)自主品牌布局高端产品

“十一五”期间，自主品牌已经深刻认识到与合资品牌的差距。在长期的较量中，中国市场逐渐出现了明显的汽车消费态度：进口车比国产车好，合资品牌比自主品牌好。这在价格终端有明显的体现，进口车的价格远远高于同级别的国产车，合资品牌同级别的汽车产品也比自主品牌贵很多，有的价格差可以达到两倍甚至更高。一分价钱一分货，价格在产品品质上的体现也十分明显。在设计、工艺、产品更新等各方面的竞争中，自主品牌长期处于劣势地位。

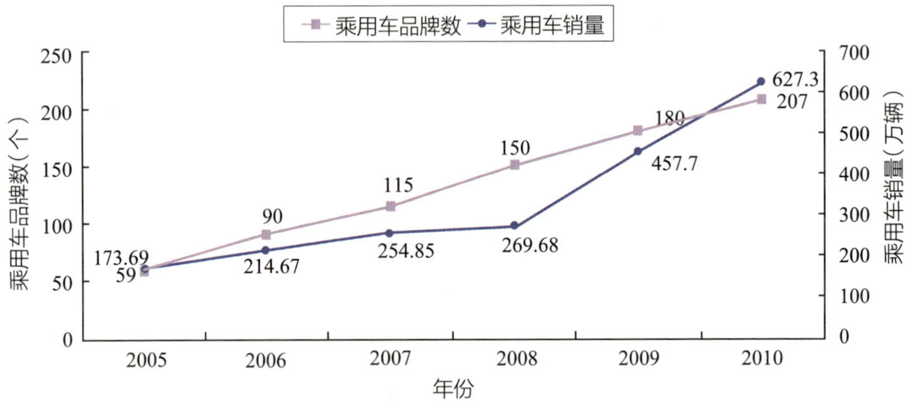

自主品牌乘用车品牌数及销量①

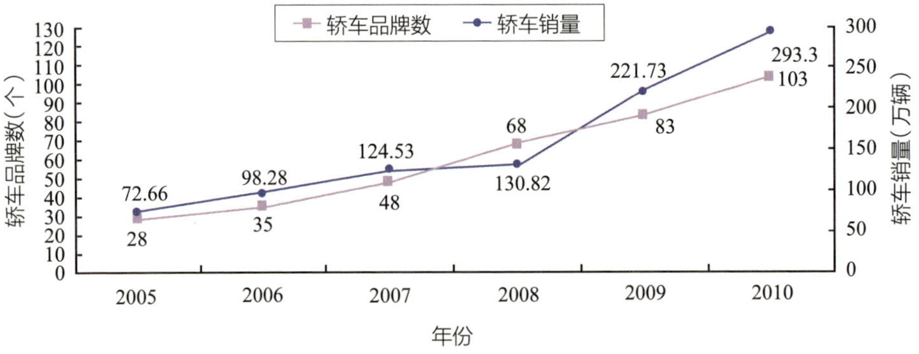

自主品牌轿车品牌数及销量②

---

① 数据来源于中国汽车工业协会。

② 同上。

因为起步较晚，根基不稳，技术储备不足，自主品牌的溢价能力远远没办法与合资或者进口品牌做比较。自主品牌的生存空间，基本都停留在 15 万元以内，到 10 万元甚至更低的价格区间才能具有相对的市场优势。而且，成本、技术、工艺等各种因素的制约导致自主品牌的产品故障率远远高于合资品牌，再加上服务体系不完善，消费者投诉多，品牌口碑始终不佳。因此，低价低质成为困扰自主品牌发展的重大难题。

2008 年前后，有不少自主品牌尝试着向上发展，想要依靠制造定位高端的汽车和优惠的价格夺取更高级别市场的份额。比如华晨中华的骏捷、奇瑞的东方之子、江淮的宾悦等，价格都达到了 15 万元，但都铩羽而归。

失败的案例虽然一个接着一个，但尝试始终没有停止。长期的低质低价对自主品牌的形象伤害巨大，最起码已经对已有的自主品牌造成了重创，唯有改头换面才能以最高效的方式打破困局。

华晨中华骏捷（官方广告图）

奇瑞东方之子

江淮宾悦

(2)大国企的自主品牌

中国汽车工业步入合资时代的初衷是“以市场换技术”，是希望通过开放国内市场，引进外资，引导外资企业的技术转移，以此来获得先进的技术，帮助我国形成独立自主的研发能力。以市场换技术，不是将市场份额直接给予外企，而只是将市场对外开放，国内企业通过学习，可以在市场上开展商业活动进行竞争，并通过努力最终夺回市场。合资的目的不在于单纯的投资产生经济价值，而在于“师夷长技以制夷”。换言之，最终的目的应该是能够生产出达到国际水平或者优于国际水平的汽车产品。

绝大多数的合资企业都是由国企和外资企业一起成立的，甚至几家大国企都有好几个合资企业。一汽、东风、上汽、北汽、广汽、长安都是国外企业合资的热门选择。最初的“三大三小两微”中，除了贵州云雀，其他全部都集中在上述六家大国企。伴随着合资汽车发展了 20 多年之后，这些企业也开始探索如何利用换来的技术更好地发展自主品牌。于是，利用外资企业的技术，创建全新的自主品牌就成了这些大型国企最好的选择。一汽奔腾、广汽传祺和东风风神等都是在这样的背景下诞生的。

一汽奔腾是由一汽轿车股份有限公司于 2006 年 5 月 18 日在杭州发布的新品牌。当时，一汽轿车还发布了奔腾品牌的第一款产品 C301，现场正式命名为“奔腾”。自此之后，一汽就有了奔腾和红旗两个乘用车品牌。2006 年 8 月 18 日，定位中高级的轿车奔腾 B70 上市，这款车的相关技术主要来源于一汽马自达。

2006 款奔腾 B70

广汽集团于2008年7月21日成立了独资子公司——广汽乘用车有限公司。公司注册资金32亿元，占地面积118万m^2。其实，广汽集团决心打造自主品牌是始于2005年，在国内已经算是起步比较晚的，当时民营汽车企业和地方国营企业的自主品牌早已发展得风生水起了。2006年7月，广汽成立了广汽研究院，专门负责自主品牌汽车的开发。2010年9月13日，广汽集团迎来了传祺汽车的正式下线，第一款GA5诞生。

传祺 GA5（2010）

东风集团的自主乘用车事业始于2005年7月。两年后，2007年7月25日，东风集团成立东风乘用车事业部，负责研发、生产制造、销售自主乘用车品牌。

2008年6月，东风将新的乘用车品牌定名为“东风风神”。东风风神的首款产品是东风风神S30，于2009年4月20日在上海国际车展上全球首发。同年6月30日，风神S30正式下线，7月22日正式上市。

2009 款风神 S30

(3)合资自主品牌

一直以来，我国对“自主品牌”的定义都是有争议的，2009 年才对自主品牌的特征达成共识，主要包含四个内容：一是由国内汽车生产企业（包括中外合资企业）在中国取得的商标专用权，也就是注册商标；二是必须是国内企业，也就是商标注册人在全球范围内独家拥有商标专用权；三是国内汽车生产企业要拥有该品牌的自主知识产权、产品的工业产权、产品改进和认可权以及产品的技术转让权；四是作为消费者识别的主要标志，必须在汽车外部的显著位置，如车头和车尾，加以标注。

在相关政策中，对自主品牌的扶持和鼓励政策变得更加清晰。2009 年，中央国家机关政府采购中心发布《关于 2009—2010 年度中央国家机关汽车协议供货有关问题的通知》（国机采字〔2009〕13 号），通知中明确规定：要认真贯彻落实国务院《汽车产业调整和振兴规划》（国发〔2009〕5 号）精神，优先采购新能源汽车、环保低排放的小排量汽车。各单位新配备、更新汽车，自主品牌汽车比例应达到 50%，具体采购办法待自主品牌汽车标准出台后另行通知。

这一方面给自主品牌的发展提供了明确的扶持政策，另一方面引发了合资企业的“自主热”，市场上开始出现新的物种——合资自主品牌①。合资自主品牌主要是指国内汽车合资公司通过购买、引进外方产品技术平台，并在此基础上重新开发出的、知识产权归属于合资公司的品牌和车型。

2008 年 4 月 20 日，广汽本田在北京车展上发布了自主品牌——理念（EVERUS）的品牌标识，并且现场展出了理念品牌的第一款概念车。这是中国第一个由合资企业推出的自主品牌，由此也引发了国内对“自主品牌”定义的热议。2009 年，上海大众注册了天越品牌。2010 年，东风日产推出了启辰，上汽通用五菱推出了宝骏。

2008 年北京车展，理念品牌发布现场

① 2009 出台的《汽车产业调整和振兴规划》中提道：在技术开发、政府采购、融资渠道等方面制定相应政策，引导汽车生产企业将发展自主品牌作为企业战略重点，支持汽车生产企业通过自主开发、联合开发、国内外并购等多种方式发展自主品牌。可见，当时国内的政策导向，是鼓励合资自主品牌的。

这一热潮一直持续到了“十二五”时期。2011 年，东风本田推出了“思铭”(Ciimo)，北京现代发布了“首望”；2013 年，合资自主品牌的发布达到了空前的规模。2013 年上海车展期间，朗世、华骐、之诺、开利等合资自主品牌集体亮相，让合资自主品牌热达到了最高潮。

华骐 300E

这些合资自主品牌中的大多数都只停留在品牌发布或者概念车发布上。实际投入量产的只有一小部分，像理念、思铭基本都是套牌合资品牌旗下对应级别的产品，市场销售情况都不理想，中途就都被企业束之高阁。

还有两个特例——上汽通用五菱宝骏和东风日产启辰，一直在实际运营，且发展成了十分成熟的合资自主品牌。

2.大力发展新能源汽车

“十一五”期间，中国汽车工业正式开启了大力发展新能源汽车的序幕。

2008 年底，国家发展和改革委员会已发布了 28 家企业 89 种包括混合动力、纯电动、燃料电池汽车等在内的新能源轿车、客车产品。

2009 年，新能源汽车开始在我国进入快速发展的新阶段，其发展被提到了非常重要的高度，政策支持的力度前所未有。《汽车产业调整和振兴规划》中提出了新能源汽车战略，并安排100亿元支持新能源汽车及关键零部件产业化。

同年1月23日，财政部、科技部发布了《关于开展节能与新能源汽车示范推广试点工作的通知》（财建〔2009〕6号），在北京、上海、重庆、长春、大连、杭州、济南、武汉、深圳、合肥、长沙、昆明、南昌13个城市开展节能与新能源汽车示范推广试点工作。这一示范推广应用工程旨在以科技创新和产业振兴政策支持自主创新，以财政政策鼓励在公交、出租、公务、环卫和邮政等公共服务领域率先推广使用节能与新能源汽车。

2009年，工业和信息化部对新能源汽车作了明确定义，给企业发展新能源汽车提供了明确的方向。6月17日，工业和信息化部首次发布了《新能源汽车生产企业及产品准入管理规则》，对新能源汽车的范围进行了定义："新能源汽车是指采用非常规的车用燃料作为动力来源（或使用常规的车用燃料、采用新型车载动力装置），综合车辆的动力控制和驱动方面的先进技术，形成的技术原理先进、具有新技术、新结构的汽车。"具体包括"混合动力汽车、纯电动汽车（包括太阳能汽车）、燃料电池电动汽车、氢发动机汽车、其他新能源（如高效储能器、二甲醚）汽车等各类别产品"。简而言之，新能源汽车就是指在燃料或动力系统上与传统内燃机汽车有所区别的汽车。

2009年7月11日，为落实《汽车产业调整和振兴规划》提出的发展电动汽车的规划目标，我国汽车工业协会把发展电动汽车作为一项专项行动来开展工作，组织上汽、东风、广汽、北汽、华晨、奇瑞、江淮等行业前十位整车企业的一把手召开会议，讨论新能源汽车的联合行动问题。在统一思想的基础上，大家共同签署了《电动汽车发展共同行动纲要》，制定了"积极引领、联合行动、突出重点、创新发展"的行业电动车发展战略。

"十五"和"十一五"的十年，是中国汽车工业跨越式发展的十年。特别是"十一五"期间，平均每年的汽车产量增量在250万辆以上。到2010年，中国的汽车产量在世界汽车产量中的占比已经增加到了 23.6%，中国汽车销量在世界汽车销量中的占比已经增加到了 25.8%。中国已经成为世界汽车生产体系中重要的组成部分。

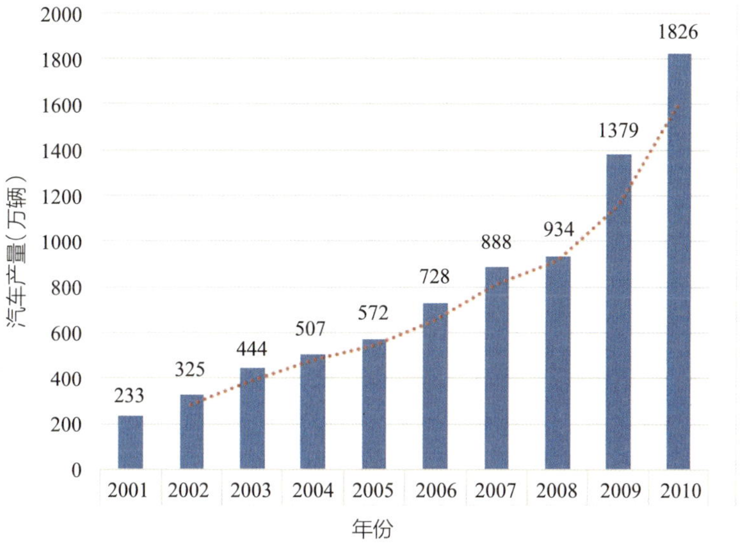

2001—2010 年中国汽车产量数据①

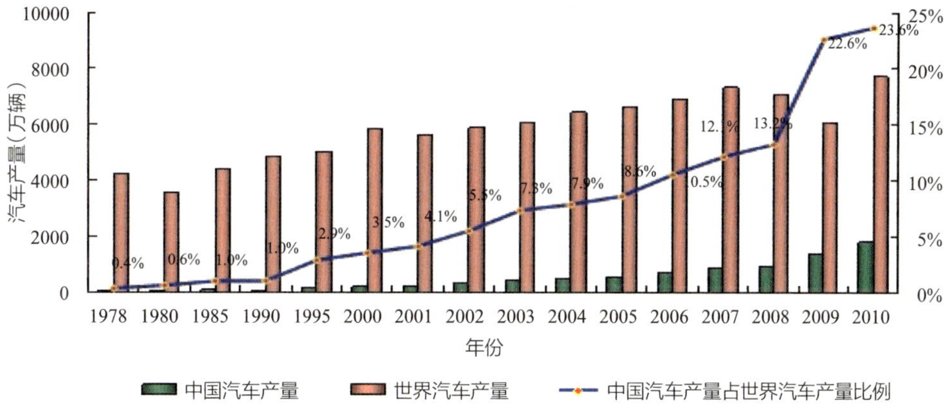

中国和世界汽车产量数据（1978—2010 年）②

---

① “十二五”汽车工业发展规划意见。

② 数据来源于《中国统计年鉴 2010》。

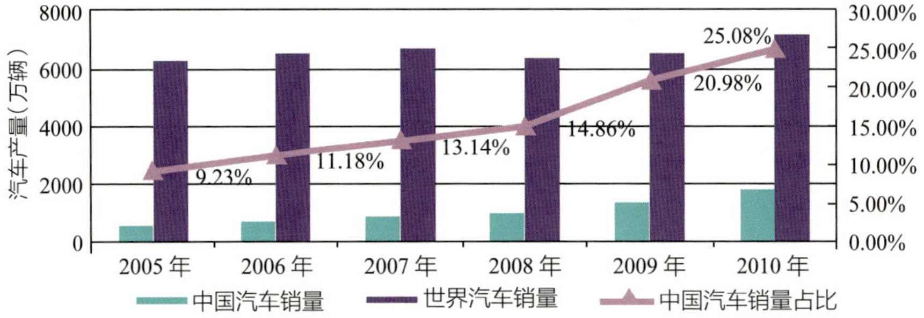

2005—2010 年我国汽车销量与世界汽车销量①

尽管我国的汽车产业已经足够大，但还不够强，国际影响力还十分有限。截至“十一五”期末，德国、日本、韩国的汽车整车出口占总产量的比例分别为76%、65%、50%，而中国仅占3%。可见，我国汽车工业的国际竞争力还处于初级水平。

基于此，我国的汽车工业还需要进一步发展，逐步融入世界汽车工业体系，并不断提高国际影响力，由汽车大国升级为汽车强国。

① 数据来源于中国汽车工业协会和国际汽车制造商协会（OICA）。

16 “十二五”时期（2011—2015）汽车工业的主要成果

2011 年 3 月 14 日，第十一届全国人民代表大会第四次会议通过了《中华人民共和国国民经济和社会发展第十二个五年规划纲要》(简称《纲要》)。有关“十二五”时期我国汽车工业的发展问题，《纲要》中提道：“汽车行业要强化整车研发能力，实现关键零部件技术自主化，提高节能、环保和安全技术水平。”“大力发展节能环保、新一代信息技术、生物、高端装备制造、新能源、新材料、新能源汽车等战略性新兴产业……新能源汽车产业重点发展插电式混合动力汽车、纯电动汽车和燃料电池汽车技术。战略性新兴产业增加值占国内生产总值比重达到 8%左右。”

《纲要》中“自主”和“新能源”成为关键词。基于此，结合国际国内的环境和中国汽车工业的现状，中国汽车工业协会对我国“十二五”汽车工业发展的思路和目标提出了明确建议。

“十二五”期间，我国汽车工业发展的思路是：全面贯彻落实科学发展观，坚持自主发展和对外开放相结合，以转变发展方式为宗旨、以调整结构为主线、以转型升级为动力、以自主创新为支撑、以节能减排为导向，发展自主品牌产品，提升综合竞争力，迈向汽车工业强国。汽车工业发展的总体目标是：保持稳定增长，结构调整明显，自主创新能力增强，自主品牌产品占主导地位，建成世界级汽车出口基地，跻身汽车出口大国行列，全面提升在世界汽车工业中的地位。其中，有关新能源汽车的目标是：新能源累计销量达到 50 万辆，基本形成电动汽车产业化条件。

回顾整个“十二五”，我国汽车工业基本按照规划在发展。自主品牌方面，我国继续深入实施2009版《汽车产业调整和振兴规划》中的自主品牌战略；新能源汽车方面，通过大力扶持，基本实现了《汽车产业调整和振兴规划》提出的目标；除此之外，我国汽车工业在“十二五”期间，开启了逐步融入世界汽车工业体系的新征程。

1.自主品牌战略

2009年3月发布的《汽车产业调整和振兴规划》中明确提出实施自主品牌战略：引导汽车生产企业将发展自主品牌作为企业战略重点，支持汽车生产企业通过自主开发、联合开发、国内外并购等多种方式发展自主品牌。

“十二五”时期，我国主要就是从这三个角度发展自主品牌，这和“十一五”期间实施的战略并无太大区别，但力度和侧重点明显不一样。

(1)打造自主品牌汽车

不断出现的全新自主品牌是汽车工业活跃发展的直接体现。

东风汽车自“十一五”开始，就大力发展自主品牌，先是推出全新品牌东风风神，后又在东风风行品牌中增加乘用车板块。至“十二五”时期，郑州日产正式宣布旗下东风系列自主品牌更名为“东风风度”，东风实现了自主板块多品牌布局，覆盖更多细分市场。

2011年3月，北汽发布了微客品牌——威旺。2012年11月建成投产的北汽银翔汽车有限公司，最初就是作为北汽的西南基地生产威旺品牌车型。2013年11月，北汽收编了昌河汽车，获得昌河品牌。2014年3月，北汽银翔发布了幻速品牌。

2013年3月，哈弗SUV的市场保有量突破100万辆大关，随后，哈弗品牌宣布独立，长城汽车由此进入哈弗与长城双品牌时代。

2014年3月，奇瑞控股推出旗下全新的汽车品牌——凯翼，产品覆盖了轿车、SUV、MPV、CROSS 等多个类别……

除以上品牌之外，全新的企业也在不断涌现，自主品牌增加了许多新面孔。2013 年 11 月，汉腾汽车有限公司作为一家全新的民营汽车企业正式成立。汉腾汽车的前身是一家名为“江环汽车”的改装乘用车辆的企业，位于江西省的赣州市，并不拥有整车生产资质，资产整合后迁址到江西上饶，2015 年底，通过资质升级的方式，才取得了汽车整车生产资质。2014 年 12 月，大乘汽车有限公司成立，这家公司的前身是江铃集团轻汽公司，此后发布的品牌大乘汽车的主要定位是中国年轻消费者……

这一时期，自主品牌的产品明显呈现出向上发展的趋势。虽然市场并不埋单，但却是中国汽车工业迫切想要向上发展的真实写照。

2012 年 4 月 11 日，上汽荣威旗舰车型荣威 950 正式上市。这款车的定价是 18.89 万～31.99 万元，顶配搭载了 3.0 L V6 发动机。不论是车身尺寸，还是动力配置都要优于当时同级别的合资品牌汽车。定价最能体现上汽的期许，上汽希望通过一款定位高端的汽车打破 20 万的价格天花板。

荣威 950

2012 年 8 月，一汽奔腾推出定位“主流 B 级车”的奔腾 B90，搭载 2.0 L 和 2.3 L 两款发动机，售价区间为 13.98 万～19.98 万元。价格要比当时市面上主流的

B级车便宜不少,延续了自主品牌一直以来的产品定价策略,即比同级的合资车便宜,以价格优势获取一部分市场份额。

奔腾 B90

2013 年 5 月,北汽的全新品牌绅宝的第一款轿车在北京上市,搭配 1.8T、2.0T 和 2.3T 三种动力,售价区间为 13.98 万～21.58 万元。这款车就是中高级的绅宝 D70, 刚发布的代号是 C70G。这款车是基于萨博 9-5 打造的, 在萨博 9-5 的基础上加长了 52 mm。

绅宝 C70G

2014 年 4 月, 东风在北京车展上展出了定位高端的自主品牌——东风 1 号。这款车就是之后的东风 A9, 定价 17.97 万～21.97 万元, 最终于 2016 年上市销售。

2014 年北京车展上的东风 1 号

2014 年 11 月，哈弗品牌推出了哈弗 H9，想冲击高端 SUV 市场，定价 22.98 万～27.28 万元……

哈弗 H9

很长时期内，20 万元几乎是自主品牌无法触及的价格上限。但凡定价超过 20 万，或者在 20 万左右的自主车型，无一例外，全部没有取得成功。荣威 950、奔腾 B90、绅宝 D70 以及东风 A9 目前都已经停产停售，哈弗 H9 虽然存续，不过市场的终端销售也始终没有起色。

自主品牌在“十二五”期间的向上探索，以失败告终。

（2）联合开发自主汽车

合资自主热主要是在“十二五”期间爆发，绝大多数合资自主品牌都是在这一时期出现的。东风本田思铭、北京现代首望、一汽丰田朗世、东风悦达起亚华骐、华晨宝马之诺、一汽大众开利、上汽通用五菱宝骏、东风日产启辰、郑州日产东风风度……其中只有宝骏和启辰在市场上有过不错的发展，其他多数合资自主品牌几乎没有任何走向市场的实质性行动。

联合开发的另一种形式就是利用国际合作打造全新的汽车品牌。

2011 年 11 月，以色列控股集团公司与中国奇瑞汽车股份有限公司成立的合资公司正式推出观致汽车品牌。这是中外合资针对中国市场推出的全新汽车品牌，定位是“高品质”。观致还专门在 2015 年提出了“高品质中国品牌”的定义。观致的第一款产品观致 3 轿车是在 2013 年 11 月底上市的。观致汽车已经在中国市场近十年，尽管品牌发展并不顺利，也不算取得了成功，却是“十二五”时期的联合开发并存续至今的典型品牌。

观致 3

另一个典型案例是 DENZA 腾势品牌。深圳腾势新能源汽车有限公司是比亚迪和戴姆勒集团于 2010 年成立的。该公司 2012 年 3 月 30 日推出了腾势,定位是中国首个专注于新能源汽车的品牌。

这类项目也是由中外合资成立的,但并非传统的合资模式。传统合资的主要特征是技术授权或转让,是用市场换技术。这类项目更强调平等合作、联合开发、互利共赢,是资本合作,也是技术合作。

(3)国内外并购

在“十二五”期间,中国汽车工业的国内外并购,特别是国外并购成果显著。

2010年3月,吉利集团从福特汽车手中全资收购了沃尔沃汽车。2013年2月,吉利集团又收购了英国百年企业锰铜控股的核心资产与业务,并将其改名为伦敦出租车公司。2013年,吉利控股集团宣布设立吉利汽车欧洲研发中心和哥德堡造型中心,整合旗下沃尔沃汽车和吉利汽车的优势资源,打造新一代中级车基础模块架构CMA及相关部件,以满足沃尔沃汽车和吉利汽车未来的市场需求。这为吉利创立全新的汽车品牌打下了基础。

2011年3月,上汽集团通过收购英国LDV公司及旗下MAXUS品牌成立了上汽大通汽车有限公司。目前,上汽大通在运营上汽大通MAXUS和上汽跃进两个品牌,产品覆盖MPV、SUV、房车、宽体轻客、皮卡,各类轻、中型货车以及各类特种改装车。上汽大通在中国拥有无锡、南京和溧阳三个生产基地,无锡基地主要生产上汽大通MAXUS品牌产品,产能为20万台/年;南京基地主要生产上汽跃进轻中型货车,产能为10万辆/年;溧阳基地为上汽大通MAXUS的房车专业工厂,产能超过2.5万辆/年;同时在马来西亚、泰国设立制造基地。海外市场方面,产品覆盖全球51个国家和地区,在英国、澳大利亚和新西兰的销量名列中国汽车首位。①

---

① 上汽大通官网。

2012年广州车展，北京汽车在收购瑞典萨博技术的基础上，打造了绅宝品牌。首款车型绅宝D70是在萨博9-5平台上开发而来的，随后问世的绅宝D50、D60均源自萨博的技术平台。为迎合国内SUV市场快速增长的消费需求，2015年3月，绅宝推出了基于萨博技术的首款SUV产品X65。

2014年，北汽福田以500万欧元的价格购买了已经消失半个世纪的德国宝沃的商标使用权，并开始国产化。2016年4月，宝沃品牌首款SUV车型BX7上市。

2014年，鑫源集团全资收购了意大利的斯威品牌。2016年，鑫源集团旗下华晨鑫源重庆汽车有限公司正式将斯威之名应用到其全新的乘用车品牌上……

海外并购，是中国汽车工业发展的必经之路。通过并购，中国汽车企业可以以更快的速度整合全球的资源，从而加速中国汽车工业的发展。同时，也可以加快中国汽车工业融入世界汽车工业体系的进程。

2.新能源战略

“十二五”期间，新能源汽车作为国家实施能源战略调整和汽车产业转型升级的重要抓手，受到了各界的重视。到“十二五”末，我国新能源汽车的发展已经取得十分突出的成绩。

政策建设上，产业政策体系逐步完善。2012年国务院发布《节能与新能源汽车产业发展规划（2012—2020）》，战略导向十分明确。在研发方面，“十二五”期间，投入研发专项资金超过70亿元，带动数百亿元的产业界研发投入；在新能源汽车购买、使用、充电基础设施等环节逐步形成了以财政补贴和税收优惠为主体、非财税政策作为重要补充的多元化支持政策；截至2015年底，已发布电动汽车标准达75项……

在政策的强力推动下，我国新能源汽车市场规模不断提升。2015年，我国新能源汽车共计生产37.9万辆，销售33.11万辆，同比分别增长3.8倍和

3.4 倍，超越美国成为全球第一大新能源汽车市场。[①]截至 2015 年年底，新能源汽车累计推广超过 45 万辆，基本实现《节能与新能源汽车产业发展规划（2012—2020）》中确定的 50 万辆的目标。

产品布局上，我国新能源汽车产品种类逐步丰富，自主化水平不断提高。“十二五”期间，全国各类产品已经呈现出以插电式混合动力汽车（PHEV）和纯电动汽车（EV）为主的趋势，各项性能水平已经趋近国际水平。增程混动、燃料电池等其他技术路线已经具备试制能力。特别值得一提的是，我国新能源客车的性能已经在国际上领先，比亚迪等品牌的新能源客车已经出口到英国、巴西等多个国家；燃料电池汽车初步具备样车试制能力。

“十二五”以来，充电设施建设步伐不断加快，初步构建起城市及城际充电网络。尽管消费终端的里程焦虑依旧存在，但相比以往已有明显改善。截至“十二五”末，全国共建成充换电站 3600 座，公共充电桩 4.9 万个，充电应用环境得到显著改善。[②]

2012 年国家财政部、工业和信息化部、科学技术部组织实施“新能源汽车产业技术创新工程”，支持全新设计开发的新能源汽车及动力电池等 25 个项目。相关项目的实施大幅提升了我国新能源汽车的总体技术水平，有力地加强了我国新能源汽车的核心竞争力。其中，插电式混合动力汽车项目成果突出，综合性能处于国际领先水平，比亚迪秦及上汽荣威 550 插电混动版最高速度超过 180 km/h、百公里综合能耗 2.0 L 以下，综合性能达到或超过欧蓝德和普锐斯等世界知名产品（表 16-1）。插电式混合动力客车产品节油率达 70 %，其中，宇通典型 12 m 产品混动模式第三方测试油耗为 18.9 L/100 km，优于国内外同类产品。

---

① 黄裕.2015年新能源车产量达37.9万辆，同比增4倍[EB/OL].(2016-01-23)[2016-08-05]. http://auto.people.com.cn/n1/2016/0123/c1005-28078300.html.

② 李戈.猜想五：新能源高速增长需过“三座山”[EB/OL].(2016-02-22)[2016-08-05]. http://dianzibao.cb.com.cn/html/2016-02/22/content_48290.htm div=-1.

表 16-1 国内外插电式乘用车综合性能对比

参数	比亚迪秦 DM	荣威 550 混合	普锐斯混合动力	沃尔沃 S60L 混动	宝马 530Le	欧蓝德混动
上市时间(年)	2014	2015	2013	2015	2015	2014
轴距(mm)	2670	2705	2700	2856	3180	2670
整备质量(kg)	1720	1699	1395	1996	—	1810
最高车速(km/h)	185	203	180	210	233	170
百公里加速时间(s)	5.9	10.5	10.7	5.5	7.1	11
纯电续航里程(km)	70	58	23.4	53	58	52
综合油耗(L/100 km)	1.6	1.6	2.6	2.1	2	1.9

总体来看,“十二五”时期,我国新能源汽车在政策驱动下得到了快速发展,已初步具备了产业化的条件。“十三五”时期,我国的新能源汽车产业将由政策驱动下的培育期逐步进入市场驱动下的快速发展期。

“十二五”期间,除自主品牌和新能源汽车发展取得了众多成果外,众多的政策法规也扎堆在“十二五”发布,给我国汽车工业中长期的发展带来了持续的影响。

《缺陷汽车产品召回管理条例》于 2013 年 1 月 1 日起正式施行,汽车召回正式从部门规章上升为行政法规;同年 10 月 1 日,《家用汽车产品修理、更换、退货责任规定》(常被称为“汽车三包法”)正式施行;2014 年 10 月,国务院办公厅发布了《关于加强进口的若干意见》,为平行进口车进行政策松绑。2015 年 1 月,《关于在中国(上海)自由贸易试验区开展平行进口车[①]试点的通知》

① 平行进口车是指未经品牌厂商授权,贸易商从海外市场购买,并引入中国市场进行销售的汽车,根据进口地不同,分为美规车、中东版车、欧版车等。

正式出台,意味着一直处于灰色地带的平行进口车获得了政策的认可……

从 2011 年至 2015 年，中国汽车产量跨上了 2000 万辆新台阶。2015 年，仅乘用车产销就分别完成 2107.94 万辆和 2114.63 万辆,首次同时超过 2000 万辆。到 2015 年,汽车销量排名前十位的企业集团销量合计为 2200.69 万辆,占汽车销售总量的 89.5%,产业集中度更高,产业结构得到了进一步优化。目前，乘用车是我国汽车产品的主体。“十二五”期间，汽车市场“商/乘”比持续下降,这几年商用车平均每年向乘用车转移大约 1.5 个百分点的产销份额。2015 年,乘用车的占比进一步提高,已达到汽车总量的 86%。

“十二五”时期,我国汽车产销量的增速明显放缓。随着购置税减半等政策的退出，增速进一步放缓。进入“十三五”，我国汽车工业开始由高速增长向高质量增长转变。

17 “十三五”时期（2016—2020）汽车工业的主要成果

2016年3月16日，中华人民共和国第十二届全国人民代表大会第四次会议通过了《国民经济和社会发展第十三个五年规划纲要（草案）》（简称《纲要草案》）。《纲要草案》明确，“十三五”时期是全面建成小康社会决胜阶段。

《纲要草案》将新能源汽车纳入新型产业，明确提出支持新能源汽车产业发展壮大。《纲要草案》提出：实施新能源汽车推广计划，鼓励城市公交和出租汽车使用新能源汽车。大力发展纯电动汽车和插电式混合动力汽车，重点突破动力电池能量密度、高低温适应性等关键技术，建设标准统一、兼容互通的充电基础设施服务网络，完善持续支持的政策体系，全国新能源汽车累计产销量达到500万辆。加强新能源汽车废旧电池回收处理。

结合“十三五”规划纲要的指导要求，国际、国内的发展形势，以及我国汽车工业的现状，《“十三五”汽车工业发展规划意见》（简称《规划意见》）中明确提出了“十三五”时期我国汽车工业发展的指导思想：加快实现汽车产业发展方式的转变，加快实现由汽车制造向汽车创造的转变、由国内市场为主向国内国际两个市场的转变，培育具有国际竞争力的汽车企业和品牌，在“十三五”期间逐步奠定汽车强国基础。

除了“自主创新”“深化合作”“新能源”“节能减排”等关键词外，《规划意见》中还首次提到了汽车的“智能化和网联化”，提前布局更长远的发展方向。

“十三五”时期，我国汽车工业保持了平稳发展的态势。即便是经历了2018年的车市寒流，2020年的新冠疫情，汽车年产销量依然稳定在2500万辆以上。这五年来，我国汽车市场两极分化更为严重，优胜劣汰加剧，产业结构发生了明显变化，自主品牌的市场占有率接近历史新低。通过“十二五”期间我国出口汽车的数量和金额可以看出，即便是2018—2020年出口数量出现了下滑，但出口金额却在稳步增长，这说明我国汽车产品正在向高质量转型。

回顾“十三五”时期，我国的汽车市场逐渐由增量市场转变为存量市场，汽车企业构成出现了新变化，汽车品牌在激烈的竞争中此起彼伏，汽车产品逐渐向“新四化”升级，商用车进步明显。

1.增量市场向存量市场转变

对比“十二五”期间我国汽车市场的销量数据，不难发现，“十三五”期间的市场体量已经跃上一个“新台阶”，并在2017年达到历史峰值2887.9万辆。根据中国汽车流通协会发布的数据，2017年中国汽车累计进口121.6万辆，两项相加，当年的市场规模其实已超过3000万辆。

综合“十三五”时期的数据来看，我国汽车市场平均每年的规模在2700万辆左右。从市场发展趋势来看，市场规模在短期内最多可达到3000万辆左右。“十三五”后期产销的下滑也说明，我国汽车市场的规模将会维持在现有规模，甚至持续微降。

如何在存量市场中争取更多的市场份额是各类企业必须重点考虑的问题，存量竞争的加剧加速了国内汽车品牌的优胜劣汰。“十三五”期间，自主品牌的市场占有率从2017年的“峰值”（43.9%），到2020年的低谷（38.4%），只用了短短四年时间。多年来自主品牌靠SUV车型和高性价比取得的优势被迅速瓦解。

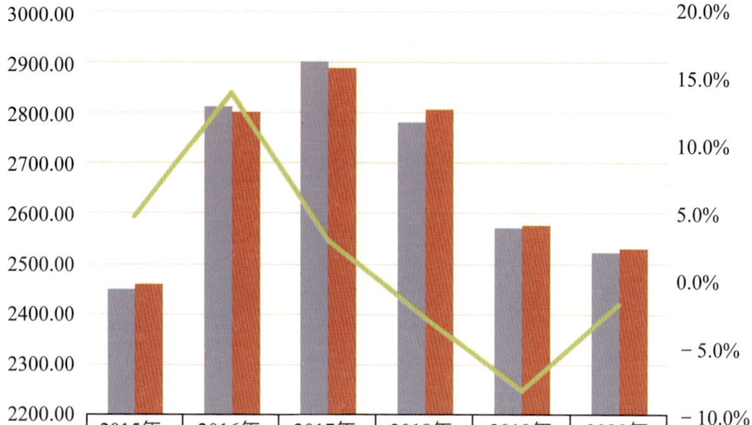

	2015年	2016年	2017年	2018年	2019年	2020年
生产（万辆）	2450.35	2811.88	2901.54	2780.9	2572.1	2522.5
销售（万辆）	2459.8	2802.8	2887.9	2808.1	2576.9	2531.1
销量增速	4.7%	13.9%	3.00%	－2.8%	－8.20%	－1.80%

2015—2020 年我国汽车产销情况①

2.汽车企业构成出现新变化

“十三五”时期，汽车企业出现了不少新变化，主要包括：放开汽车制造业合资限制催生的新合资模式，同行业和跨行业的兼并重组带来的企业变化，以及鱼龙混杂的造车新势力的集中出现。

新合资模式有多种构成方式，这与放开合资股比限制、加大开放力度有直接关系。

2018 年 4 月，国家发改委网站发布信息称：“汽车行业将分类型实行过渡期开放，2018 年取消专用车、新能源汽车外资股比限制；2020 年取消商用车外资股比限制；2022 年取消乘用车外资股比限制，同时取消合资企业不超过两家的限制。通过 5 年过渡期，汽车行业将全部取消限制。”放开合资股比限制对合资企业是一大利好消息，不少企业很快就有了动作。

2018 年 10 月 11 日，在华晨宝马成立 15 周年之际，宝马集团和华晨汽

① 数据来源：《“十三五”汽车工业发展规划意见》。

车联合宣布，股东双方将延长华晨宝马的合资协议到2040年。同时，宝马集团还正式宣布，将计划以36亿欧元的价格收购华晨宝马合资公司25%的股份，在交易完成后，宝马在合资公司中的持股比例将由现在的50%增加到75%。华晨宝马成为中国汽车工业史上第一个打破合资股比限制的企业。

国家发改委正式发布消息之前，安徽江淮汽车集团股份有限公司及大众汽车（中国）投资有限公司于2017年6月成立了江淮大众汽车有限公司，双方各自持股50%，同年12月又宣布更名为大众汽车（安徽）有限公司。这家公司是大众汽车在中国的第三家合资公司，从而打破了合资企业在华不超过两家的限制。

汽车制造业扩大对外开放的力度，进一步吸引了海外企业对中国市场的关注。优秀的民营企业成为跨国车企在中国新一轮投资的对象。2018年7月，长城与宝马在中德两国领导人见证下签署了合资协议，双方建立合资公司，各持股50%，新公司命名为光束汽车有限公司；2020年1月，吉利宣布与戴姆勒组建smart品牌全球合资公司——智马达汽车有限公司，双方各出资27亿元人民币，各持股50%；两个月后，比亚迪与丰田合资的纯电动车研发公司——比亚迪丰田电动车科技有限公司正式成立，丰田和比亚迪各出资50%。这是一种创新的合资模式，双方处在平等的位置，并不是直接拿对方的产品或技术，而是共同研发。

商用车方面，合资股比放开也为市场注入了新的活力。2020年，现代商用车更名、斯堪尼亚如皋制造基地揭牌、奔驰卡车宣布国产，股比开放政策落地后，外资商用车深耕中国市场的战略变成现实。

与此同时，国内车企间的兼并重组加剧，更加强调优胜劣汰，企业的生死存亡只看结果。

2016年3月14日，北京汽车股份有限公司发布消息称，已与福建奔驰完成股权转让事宜。至此，北汽将拥有福建奔驰35%的股权。北汽成功收购福建奔驰股份，完成了地方国企间的资源整合。在北汽收购福建奔驰35%的股份之后，福建奔驰生产的高端MPV车型将与北京奔驰生产的轿车和SUV形成产品上的优势互补。北汽与福建奔驰的合作很快显出成效，2016年，福建奔驰累计销售0.96万辆，同比增长89.77%；2017年，福建奔驰销量达到2.86万辆的最高点，并一直维持在这一水平。

郑州日产就没有这么幸运了。2017年6月12日，东风汽车发布公告，已与控股股东东风汽车有限公司签署了《关于郑州日产汽车有限公司股权转让协议》，拟向控股股东转让其持有的郑州日产51%的股权，转让价格为7.875亿元。此次交易后，东风汽车不再持有郑州日产股权。东风汽车早在2005年就以3.36亿元的价格获得了郑州日产51%的股权，2015年郑州日产的销量降到了3.5万辆，净亏损1.8亿元。这才有了东风剥离郑州日产这一案例。类似事件在"十三五"期间还有很多，合资企业也不例外。雷诺退出东风雷诺，铃木退出长安铃木都是"十三五"时期震惊全行业的大事件。

兼并传统车企也是许多造车新势力获取生产资质的"捷径"，很多行将就木的劣质企业也因此身价不菲。

2017年2月，威马就通过旗下全资子公司——大连新敏雅智能技术有限公司收购了大连黄海汽车有限公司100%股权。威马通过此次收购拿到了SUV和MPV的生产资质。2018年1月16日，工信部公布《道路机动车辆生产企业及产品公告》（第304批）中显示，中顺汽车控股有限公司已变更为威马汽车制造温州有限公司。威马汽车又通过控股中顺汽车的方式，成功获得汽车生产资质。

2018年12月，力帆实业（集团）股份有限公司发布公告，以6.5亿元向"重庆新帆机械设备有限公司"出售旗下重庆力帆汽车有限公司100%股权。"重庆新帆机械设备有限公司"实际控股方为"北京车和家信息技术有限公司"，也就是说理想汽车拿到了力帆汽车的生产资质。

还有一些企业进行跨行业的收购，来实现跨界造车。

2017 年 12 月，观致汽车引入新的战略投资方，宝能以持股 51%占据了绝对控股权；2018 年 12 月，“神州系”以超过 39 亿元的报价摘得宝沃公开挂牌股份，成为宝沃最大股东；2019 年初，“房地产巨头”恒大通过收购国能新能源 NEVS 入局汽车业……这些跨界造车和造车新势力的跨界并不一样，多数从一开始就不被看好，短期投资居多，属于搅局者。以观致和宝沃为例，2018 年，观致累计销售 6.23 万辆，同比 2017 年暴增 3 倍以上；宝沃 2019 年累计销售 4.53 万辆，同比 2017 年增长 37.58%。不过，这一发展趋势不具有可持续性。2019 年，观致销量下滑至 2.27 万辆，2020 年销量仅为 1.36 万辆，回到 5 年前的水平；2020 年，宝沃仅销售 0.87 万辆，创历年新低。①

“十三五”期间，造车新势力的集中出现，让行业呈现出一片乱战。

2015 年 6 月，发改委联合工信部颁布《新建纯电动乘用车企业管理规定》，决定向符合规定的新兴造车企业发放生产资质，这为试图进入新能源车制造的资本和团队打开了一道门。由此开始，一大批造车新势力冒了出来。据博世中国的统计数据，截至 2017 年 11 月，中国的造车新势力已经超过 60 家。

整个“十三五”正好是这批新势力一较高下的黄金五年。经过五年的竞争，最终还是留下了几家实力不错的新势力企业。以蔚来、理想、小鹏为代表的几家企业已逐步走向正轨，并对行业产生了积极的影响。

“十三五”初期，造车新势力纷纷“跑马圈地”。2016—2017 年，前途汽车苏州基地破土动工，蔚来确定首款车型生产落户江淮，理想汽车常熟工厂奠基，爱驰亿维生产基地落户上饶，威马温州生产基地奠基，拜腾宣布在南京建设工厂，游侠汽车确定首个生产基地将落户湖州，小鹏汽车宣布将在肇庆市建设生产基地，国机智骏赣州生产基地奠基，奇点汽车铜陵基地开工建设，零跑汽车金华工厂开建……

① 见中国经济网的文章《兼并重组局部活跃　染指汽车业“野蛮人”增多》，作者姜智文。

造车新势力不断通过“画饼”融资，实现“跑马圈地”。风头正劲的当属乐视汽车，早在2014年，乐视就宣布要推出“超级汽车”，在2016年4月首推LeSEE概念车，当年12月28日，乐视莫干山生产基地即破土动工。2016年1月，乐视还宣布与美国法拉第未来（Faraday Future）“联姻”，并在次年1月正式推出首款量产车型FF91，只不过时隔多年，FF91依旧还没有驶下生产线，乐视也已经“物是人非”。

“十三五”中期，造车新势力开始接受市场的直接考验。2018年，蔚来汽车在交车的问题上连续三次食言，最终宣布首批交付10辆车给蔚来员工使用；威马汽车原本计划要在2018年交付万辆汽车，直到当年9月28日才迎来首批交付，最终全年仅交付3850辆；小鹏汽车在2018年底，象征性交付了482辆汽车。2018年实现交付的还有哪吒01、云度π1、电咖EV10等产品，这些产品定位低端，和消费者的预期有很大差距，造车新势力并没有展现出应有的实力。

“十三五”后期，造车新势力集体遭遇生死存亡的严峻考验，逐渐出现分化。蔚来、小鹏和理想逐渐成为新势力中的三巨头，其他新势力沦为第二梯队，有的甚至销声匿迹。

“十三五”期间，还有一家企业值得特别一提——特斯拉（上海）有限公司，该公司于2018年5月10日正式成立。特斯拉（上海）有限公司的成立，预示着特斯拉将正式在中国实现国产。需要指出的是，特斯拉（上海）有限公司由特斯拉全资成立，这是罕见的海外品牌在中国市场全资入驻。

3.汽车品牌的优胜劣汰

“十三五”期间，汽车品牌的发展呈现出激烈的优胜劣汰趋势。一部分自主品牌节节败退，还有一部分积极寻求品牌向上的发展之路。

有实力的自主品牌，比如吉利、长城和长安，年销量已经实现百万辆的规模，正在脱颖而出；没有竞争力的品牌或企业，直接面临退市的危机或结局，这也是直接造成自主品牌市场占有率下滑的主要原因。

"十三五"期间,一汽奔腾、华泰、众泰、力帆、海马、长丰猎豹、东南、斯威、幻速、中兴等一大批的自主品牌,给了我们一个相同的判断:边缘的自主品牌正在经历行业的"洗牌期"。

这些节节败退的品牌中,还有一些悄无声息,有的甚至被藏匿了踪迹,公众对它们的存续问题完全无感。它们有一个共同的前缀——合资自主品牌。在"十二五"期间集中诞生的合资自主品牌逐渐都销声匿迹了,南北大众的天越、开利,华晨宝马之诺、一汽丰田朗世等似乎从没有出现过;广汽本田理念和东风本田思铭伴随本田纯电 SUV 重出江湖,却被隐去了品牌名;少数有过不错发展历史的只有东风日产启辰和上汽通用五菱宝骏。

然而,"十三五"中后期连续三年的市场下行,再加上新冠肺炎疫情突袭,启辰和宝骏也遭遇了窘境。2017 年,启辰正式从东风日产旗下独立,变身为东风启辰品牌,当年的 14.3 万辆也成为启辰的销量高峰。而到 2020 年底,启辰在独立运营了四年之后,因为销量下滑严重,又再次回到东风日产旗下。宝骏在 2017 年曾靠着低价一举跻身"百万辆俱乐部",旗下宝骏 510 和宝骏 730 更是双双拿下 SUV 和 MPV 市场亚军之位,但随后因产品没有跟上消费升级,销量大幅下滑。为此,宝骏在 2019 年推出了新宝骏品牌,力图推动品牌向上,挽回市场。

我们也可以看到有一些全新的品牌出现,代表了新的自主水平。

德国时间 2016 年 10 月 20 日,吉利集团在柏林正式发布了全新品牌——LYNK&CO。2017 年,吉利公布了 LYNK&CO 的中文名——领克。我们在领克的官方网站上可以看到,领克对自己的定位是"全球新高端品牌"。提到领克,中国的消费者更愿意通俗地解释为"吉利的高端品牌"。伴随着产品设计和营销的成功,领克已经成为中国新时代汽车品牌中的佼佼者。

2016 年 10 月 20 日，吉利集团在柏林正式发布了全新品牌——LYNK&CO

领克汽车合资公司签约现场

2017 年 8 月 4 日，吉利控股集团、吉利汽车集团与沃尔沃汽车签订了合资协议，合资公司正式成立，吉利汽车持 50%股份，沃尔沃汽车持 30%股份，吉利控股持 20%股份

就在领克发布后不久，2016 年 11 月 10 日晚，长城汽车发布了《关于推出全新高端品牌“WEY”的公告》。这份公告中明确说明了长城汽车将于 2016 年 11 月 16 日推出全新高端品牌的计划，品牌名称为“WEY”。WEY 的中文名是“魏派”，源自创始人魏建军的姓氏。使用姓氏作为品牌名在国际上是极为常见的，比如林肯、福特、标致等，但在中国品牌中十分少见。

WEY 品牌发布现场

WEY 的关键词也是“高端”“豪华”。在 2019 年上海国际车展上，WEY 品牌营销总经理柳燕接受媒体采访时说：“WEY 品牌的使命是让豪华触手可及。”从产品来说，WEY 的产品定位确实要高于长城等自主品牌，价格也已经触及主流合资品牌的价格区间。虽然离传统合资中的“豪华”还有一定的距离，但长城汽车的向上探索已经取得了阶段性的成功。

除此之外，还有奇瑞 2017 年 9 月发布的星途（EXEED）品牌，也是定位“高端”的自主品牌。

虽然传统自主车企的向上探索有成有败，正可谓几家欢喜几家愁，但总体向上的势头已经无法阻挡，而且已经对曾经几乎独霸市场的合资品牌造成了冲击和影响。综合来看，自主车企之所以能够在现阶段取得这样的成就，是因为向上探索正当其时。

4.汽车产品逐渐向“新四化”升级

汽车“新四化”是指“电动化、智能化、网联化、共享化”，是“十三五”期间经过多次讨论之后，被业内广泛认可的全新专业名词。

自 2012 年国务院发布《节能与新能源汽车产业发展规划（2012—2020）》

以来，“电动化”就一直是我国汽车工业的发展方向。进入“十三五”，《“十三五”汽车工业发展规划意见》中明确提出“智能化”和“网联化”。这是汽车工业在“互联网+”时代顺势而生的概念和方向。

有关汽车“四化”中，争议最多的就是“共享化”。“共享化”是伴随“十三五”汽车企业投资热潮诞生的概念，目前来看的确存在诸多争议。一度火热的共享汽车只不过是共享经济中的一种探索，最后发现适应性差，短短几年，共享汽车已经越来越少。长远来看，“共享化”的确是可能的发展方向，但是它要求汽车智能化、网联化程度足够高，还需要车路协同发展达到一定水平，就中短期来看，真正的“共享化”还难以实现。

“电商化”“国际化”“数字化”“可持续化”也是“十三五”期间被多次探讨过的方向，最终“新四化”还是被广泛认可为“电动化、智能化、网联化、共享化”。

(1)电动化

“十三五”时期，是汽车“电动化”实现跨越发展的五年。2016年，我国新能源汽车的产销量分别是51.7万辆和50.7万辆。2020年，在多重不利因素的叠加影响下，新能源汽车产销分别完成了136.6万辆和136.7万辆，同比分别增长7.5%和10.9%。在以特斯拉为代表的外国新能源品牌和以比亚迪、蔚来、理想、小鹏等为代表的自主新能源汽车品牌的带动下，消费者对新能源汽车的接受程度越来越高，传统车企加速布局新能源汽车市场并加大研发投入，在“十三五”中后期陆续公布了自己的电动化产品规划。

(2)智能化

智能化包含了无人驾驶和驾驶辅助两大内容。

无人驾驶方面，各大企业“十三五”期间扎堆开始布局，其中就包括长安、北汽、比亚迪、力帆、长城、东风、吉利、广汽、上汽和一汽。其中，上汽加州的创新中心还获得了美国加州自动驾驶测试牌照，东风的Robotaxi已经在限定区域内对公众开放体验了。除此之外，不少科技企业也入局自动驾驶，比如百度、华为等。

驾驶辅助方面，随着产品的迭代升级，驾驶辅助技术的普及率越来越高，精度也越来越高。各大车企还进一步加大了驾驶辅助技术的研发投入，对相关功能迭代升级。

(3)网联化

网联化就是指车联网。早在2015年，上汽就与阿里组建合资公司“斑马”，共同开发互联网汽车。这之后，奇瑞、长安纷纷效仿上汽，陆续与百度、腾讯开展战略合作。

2016年，上汽集团联手阿里巴巴集团共同打造并推出了“首款量产互联网汽车”RX5，第一次将网联化直接标注在产品定位中。此后，荣威又陆续推出了荣威RX5、荣威i6、荣威RX3、名爵ZS、名爵6等多款新车，定位都是互联网汽车。车机互联、语音交互成为互联网汽车最基础且明显的特征。

(4)共享化

共享化主要指汽车共享与移动出行。共享汽车是共享经济红利期跟风的产物，事实证明现阶段暂时无法取得成功。不过共享化的移动出行板块却给汽车企业提供了发展的新思路。

“十三五”期间，多家车企布局网约车业务，助力自身发展新能源汽车，布局出行服务行业。欧拉出行、享道出行、和行约车、如祺出行、曹操出行、T3出行……一众有车企背景的网约车平台相继落地，试图抢占已经由滴滴出行霸占的网约出行市场。

5.商用车进步明显

“十三五”期间，我国经济发展持续向高质量转型，以“三去一降一补”为代表的供给侧结构性改革持续推进，经济运行总体平稳。对商用车行业的发展创造了坚实的基础，而商用车行业也通过高质量发展助推了经济发展和转型。

“十三五”期间，我国商用车销量从 2015 年的 250 万辆逐年递增，2020 年销量突破 500 万辆，再创历史新高。保有量也从 2274 万辆跃升至 3071 万辆。[①]在销量和保有量跃升的同时，产品结构随着环保要求从严、治理超限超载、用车行业结构调整等多重因素影响，出现了高端化、轻量化、专业化的发展格局。

2019 年 5 月 6 日，由汽标委智能网联汽车分标委组织的无人驾驶卡车列队跟驰功能公开验证试验在天津市西青区进行。东风商用车、中国重汽、福田汽车三家企业受邀参加，在公开道路上完成了这次验证试验。

同年 11 月 9 日，上汽集团、上港集团和中国移动联合宣布，三方正式启动全球首次“5G+L4 级智能驾驶重卡”示范运营。从洋山深水港物流园经东海大桥至洋山港码头，往返 72 km 的物流环线，涵盖普通道路、高速公路、码头、堆场、夜间大交通流量等复杂场景，每年还有 60 余天要经受东海大桥上 7 级以上大风的“考验”。复杂的道路环境和自然环境，对于自动驾驶状态的运输车辆而言极具挑战性。

除此之外，一汽解放、中国重汽均有自动驾驶车辆在码头等封闭区域投入运营，自动驾驶在商用车的诸多应用场景率先落地。

除了对前沿技术探索方面的成就，商用车产品在“十三五”期间的提升也有目共睹。以重卡产品为例，一汽解放、中国重汽、福田汽车、上汽红岩均有划时代的全新产品亮相推出，并且迅速获得市场肯定，这些新产品在产品品质、节能减排、驾乘操控等方面均有大幅提升。

而在纯电动产品方面，以比亚迪等企业的专用车产品为代表，公共领域纯电动车占比大幅提升，公共交通、特种作业车均有纯电动产品投入规模化使用。

---

① 数据来源于中国汽车工业协会。

另外，“十三五”期间，我国商用车的出口销量逐年提升。根据中汽协的统计数据，2016—2020年我国商用车出口销量分别是23.1万辆、25.2万辆、28.3万辆、29.9万辆、23.5万辆。除2020年受疫情影响，商用车出口同比累计下降以外，2016年至2019年均实现增长。

“十三五”时期，我国汽车工业经历了发展节奏的巨大变化，经受了诸多挑战。“十三五”收官时，规划的主要指标有不少都没有完成：2020年汽车产销规模的规划目标都是3000万辆，结果实际完成量分别是2522.5万辆和2531.1万辆；中国品牌汽车国内市场份额规划目标为60%以上，其中乘用车力争达到国内市场主导地位，结果2020年市占率只有38.4%……结果不尽如人意。不过，在复杂的国际形势和新冠肺炎疫情的冲击下，我国汽车工业能在“十三五”期间保持着平稳发展的态势，并在疫情困难面前实现了率先反弹，实属不易。“十三五”末期，我国汽车工业一定程度上拉动和促进了经济的整体复苏。

第三篇

汽车强国梦

18 《中国制造2025》中的中国汽车

《中国制造2025》是我国实施"制造强国"战略的首个十年纲领，2015年5月19日由国务院正式印发。《中国制造2025》战略中，汽车产业是不可或缺的。不仅仅是因为战略中将"节能与新能源汽车"纳入了强国战略十大重点领域，还因为汽车产业的转型升级本就和战略中的方方面面息息相关。

汽车产业链条庞大，包含了原料进口和采集、高端制造和加工、物流运输、金融保险等众多领域，对国民经济发展的贡献非一般行业可以比拟。中国需要强大的汽车产业助力经济进一步发展，促进国家的强大和进步。汽车产业自然是《中国制造2025》战略中的重要内容。

《中国制造2025》战略中的主要内容可以用一组数字作导入——"一、二、三、四、五、五、九、十"。

"一"指目标，就是从制造业大国向制造业强国转变，最终实现制造业强国的目标。

"二"指要通过"两化"（信息化和工业化）深度融合发展来实现这一目标。

"三"指实施"三步走"的战略：第一步，到2025年迈入制造强国行列；第二步，到2035年中国制造业整体达到世界制造强国阵营中等水平；第三步，到新中国成立一百年时，综合实力进入世界制造强国前列。

"四"指确定了四项原则：第一项原则是市场主导、政府引导；第二项原则是既立足当前又着眼长远；第三项原则是全面推进、重点突破；第四项原则是自主发展和合作共赢。

第一个“五”是指有五条方针:创新驱动、质量为先、绿色发展、结构优化和人才为本。

第二个“五”指实行五大工程:制造业创新中心建设的工程、强化基础的工程、智能制造工程、绿色制造工程和高端装备创新工程;

“九”代表九大主要任务:提高国家制造业创新能力、推进信息化与工业化深度融合、强化工业基础能力、加强质量品牌建设、全面推行绿色制造、大力推动重点领域突破发展、深入推进制造业结构调整、积极发展服务型制造和生产性服务业和提高制造业国际化发展水平。

“十”具体指主要任务中提到的十大重点领域:新一代信息技术产业、高档数控机床和机器人、航空航天装备、海洋工程装备及高技术船舶、先进轨道交通装备、节能与新能源汽车、电力装备、农机装备、新材料和生物医药及高性能医疗器械。

“一、二、三、四、五”主要阐明《中国制造 2025》战略的目标、方针、原则和措施等,对我国汽车产业的发展具有深刻的指导意义。

比如五条方针中的“质量为先”,是针对我国工业生产的整体水平提出的要求。质量问题在很长的一段时间里都是制约我国汽车工业向上发展的重要因素。中国市场之所以长期有“自主品牌不如合资品牌,国产汽车质量不如进口汽车”的消费价值导向,核心的原因就在于工业生产的质量问题。这是有历史原因的,加入 WTO 之后,我国用了不到 10 年时间就成为世界上第一大汽车产销国。高速发展使我国汽车工业忽视了质量问题。这期间,汽车企业都是大跨步发展,诸多问题都遗留到现在,其中就包含国产汽车的质量问题。

“五、九、十”是具体路径,包括核心工程、主要任务和核心领域。其中提到的五大工程都会在汽车产业落地,九大任务实现的重要前提都离不开汽车工业的强大,十大领域中也有多个分支和汽车行业有关联或交叉。比如智能制造和绿色制造将进一步提升汽车制造的效率和水平;加强质量品牌建设就要求自主汽车品牌要向上突围;信息技术产业的发展,势必会助力汽车产业的革命性跨越……

《中国制造 2025》中对节能与新能源汽车的发展指明了具体方向:继续支持电动汽车、燃料电池汽车发展,掌握汽车低碳化、信息化、智能化核心技术,提升动力电池、驱动电机、高效内燃机、先进变速器、轻量化材料、智能控制等核心技术的工程化和产业化能力,形成从关键零部件到整车的完整工业体系和创新体系,推动自主品牌节能与新能源汽车同国际先进水平接轨。

基于此,再结合《中国制造 2025》中对全国制造业提出的发展战略和规划,我们可以大致总结出我国汽车工业的发展方向。要实现《中国制造 2025》战略中的目标和要求,国产汽车需要紧紧抓住以下四类产品:纯电动汽车和插电式混合动力汽车、燃料电池汽车、节能汽车以及智能网联汽车。

1.纯电动汽车和插电式混合动力汽车

纯电动汽车和插电式混合动力汽车是主要发展方向,其中尤其以纯电动汽车为主。

我国在新能源汽车领域的技术储备并不比国外先进,特别是混合动力技术领域。目前,市场上主流的混合动力模式有三种:混动 HEV(Hybrid Electric Vehicle)、插电式混动 PHEV(Plug-in Hybrid Electric Vehicle)和增程式混动 EREV(Extended Range Electric Vehicle)。其中,PHEV 和 EREV 都是基于纯电动模式的技术路线,对动力电池的要求相比纯电动模式要低,是我国自主车企先期可以重点突破的方向。混动 HEV 与其他两种技术路线有本质的不同,主要在于能源补充形式。混动 HEV 完全不依赖充电桩,而是通过更换动力系统就可以实现更高的燃油经济性和操控性,不用改变车主的用车习惯。按照结果来说,混动 HEV 更像是节能汽车,而非新能源汽车。从产品进化的角度,混动 HEV 虽然实现了能源混动,但是并没有实现能源补充的改变,和完全电动化的大方向是不吻合的。虽然同属于过渡技术路线,但可进化的方向和程度都远不如 PHEV 和 EREV。

与混动 HEV 相比，这两种动力模式的主要优势就在于解决了里程焦虑，在汽车电动化的过渡阶段具有很好的环境适应性。因此，我国自主车企基本不选择混动 HEV 路线。比亚迪选择的是 PHEV 方向，并且在产品布局上已经取得了优势。造车新势力中的理想汽车选择的是 EREV 路线，市场接受程度还比较高。

我国车企不选择混动 HEV 更重要的原因是技术壁垒问题和政策问题。以丰田为主的日系车企，已经率先获得混动汽车的技术专利并已经投入量产。想要在混动 HEV 领域赶超日系车企十分困难，投入的研发成本要远高于 PHEV 和 EREV。关键在于时间不等人，市场先机稍纵即逝，在抢占市场的重要时期，也没有充足的时间让自主车企研发混动 HEV 产品。政策方面，混动 HEV 因为技术特征的问题，没有被纳入补贴目录，无法享受我国各项支持政策的扶持。

PHEV 和 EREV 势必会在未来实现更高程度的电动化，实现由混动到纯电动的进化。

我国的目标是到 2025 年，与国际先进水平同步的新能源汽车年销量 300 万辆，在国内市场占 80%以上。要实现这一目标，不光要解决产品的问题，还要解决消费者对新能源汽车的认同问题。在核心技术和充电配套建设没有得到根本性解决的前提下，抓住纯电动汽车和插电式混合动力汽车就显得十分重要。

2.燃料电池汽车

燃料电池汽车（FCV）并不是新鲜概念，国际上早就有很多车企做过研究和布局。20 世纪 60 年代，通用汽车公司就尝试开发氢燃料电池厢式货车，捷克也有科学家在 70 年代就尝试用碱性燃料电池改装轿车。受技术和材料的限制，燃料电池技术始终没有得到商业化应用。不过，各发达国家都没有放弃过对这一技术领域的探索和研究。

2005 年以后，燃料电池汽车逐步获得认可，各主要汽车制造企业都在尝试量产。本田的 FCX 氢燃料电池汽车、福特的氢燃料电池版福克斯轿车、日产的氢燃料电池版 X-Trail、通用雪佛兰的 Equinox 燃料电池轿车、奔驰的 F-Cell 等都是早期被投入市场的燃料电池汽车。受制于耐久性、环境适应性、功率密度等问题，燃料电池汽车并没有得到大规模的推广和应用。

我国的燃料电池汽车研发历程也十分漫长。在国家"十五"、"863"电动汽车重大科技专项、"十一五"节能与新能源汽车重大项目、"十二五"及"十三五"新能源汽车重点专项的资助下，我国燃料电池汽车技术研发取得重要进展。我国已经基本掌握了整车、动力系统与关键零部件的核心技术，建立了具有自主知识产权的燃料电池汽车动力系统技术平台。东风汽车的"楚天一号"、同济大学的"超越"系列、上汽集团的"上海牌"和"帕萨特"、一汽集团的"奔腾"、长安汽车的"志翔"以及广汽和奇瑞汽车等国内主机厂的原型样车都是氢燃料电池技术的研发成果。2008 年北京奥运会和 2010 年上海世博会，我国的氢燃料电池汽车都成功完成了试运行和活动服务任务。

目前，国内市场基本看不到氢燃料电池量产乘用车的身影，商业化运营也仅限于部分地区的商用车领域。2015 年广东佛山市首批 28 辆氢能大巴在佛山云浮示范运营，2016 年佛山全国首个全商业化运营的加氢站正式投入使用，成为全国第一个燃料电池汽车商业化运营示范区。2016 年上海大通汽车 V80 型燃料电池轻型货车发布，并于 2018 年交付 400 辆作为上海金山化工园区通勤车辆使用。这是继氢燃料电池汽车在佛山首次实现商业运营后的第二个商业化运营区域。截至 2018 年 8 月，获得工信部产品公告目录的燃料电池车型已达到 100 多个。

氢燃料电池技术具有绿色环保的巨大优势，仅能源可再生和零排放这两点就值得各国不遗余力投入研发。氢燃料电池技术的实质也是电动化，但它是更加清洁绿色的电动化，更是未来的发展方向。要实现制造强国，氢能技术的掌握和应用是不可或缺的重要组成部分,氢燃料电池汽车就是最好的“试验田”。

3.节能汽车

节能汽车的提法在日常消费中并不多见,但却是时下最有现实意义的发展方向。广义的节能汽车是指一切低能耗、低污染的汽车,其中包含小排量汽车、新能源汽车和新动力汽车。狭义的节能汽车是指以内燃机为主要动力系统,综合工况燃料消耗量优于下一阶段目标值的汽车。

大力发展节能汽车是全球节能减排的重要手段。21 世纪初,和发展新能源汽车相比,发展节能汽车更加具有可行性。大排量发动机逐渐被小排量发动机取代;自然吸气发动机逐渐被涡轮增压发动机取代;三缸发动机天生就不稳定却还是被强推到市场上;汽车轻量化越来越受到企业的重视;各家车企都在新产品风阻系数的排名竞争上不遗余力……这些都是企业发展节能汽车的重要原因。

我国为了大力推广节能汽车,相继出台了一系列的配套政策。比如针对 1.6 L 及以下排量的汽车,阶段性地推出购置税优惠政策。再如,“十三五”时期制定并推出了《乘用车企业平均燃料消耗量与新能源汽车积分并行管理办法》。从广义角度,鼓励发展新能源汽车也是我国推广节能汽车的重要组成部分。

2016 年发布的《节能与新能源汽车技术路线图》中明确,我国节能乘用车百公里平均油耗目标 2025 年为 4 L,2030 年为 3.2 L。在内燃机技术的革新不足以赶上这一目标的时候,发展以纯电为主的新能源汽车就成为必然选择。

目前,除了降低排量、发展纯电或者混动汽车之外,我国还有甲醇汽车、天然气汽车、混合燃料汽车等替代型新型燃料汽车,也是节能汽车的重要路线。

可以预见,目前乃至此后的很长一段时期内,多种类型的节能汽车依然会并行发展。不过,发展以电动和混动为主的新能源汽车仍然是主流。

4.智能网联汽车

有关汽车的智能化和网联化目前已经成为行业公认的主流方向。只不过,业内对智能化和网联化的界定还存在不少争议。有人认为智能化与网联化是两个截然不同的领域,不能混为一谈;有人则认为网联化是智能化的有机组成,是前提。

我国目前对智能网联汽车的发展目标是:到2025年,掌握自动驾驶总体技术及各项关键技术,建立较完善的智能网联汽车自主研发体系、生产配套体系及产业群,基本完成汽车产业转型升级。二者既没有分开,也没有被任意一个取代,要求同步发展。

分开来看,有关汽车网联化,我国是有明显优势的,但智能化发展还需要加快步伐,以赶超国际领先企业。

在我国最早提出类似网联化汽车概念的是上汽集团。上汽和阿里巴巴合作,于2016年推出了荣威RX5,被鲜明地打上了"互联网汽车"的标签,阿里巴巴以此推出的斑马智行系统也成为汽车网联化的载体。虽然有不少功能都偏简单且笨拙,但已经在网联化和智能化方面有了雏形。这在当时是领先于不少海外车企的。其实,汽车的网联化要比这个更早。以苹果公司的Carplay为例,2014年就正式推出了,相关功能已经实现了汽车初步的网联化。

智能化方面,我国的投入和研发都相对较晚,所以比较被动。我国有关自动驾驶汽车分级国家标准——《汽车驾驶自动化分级》,于2020年3月9日才由工业和信息化部报批公示,2021年1月1日才正式实施。而此前全球公认的汽车自动驾驶技术分级标准有两个:一个是由美国高速公路安全管理局(NHTSA)于2016年提出的,另一个则是由国际自动机工程师学会(SAE)于2014年提出。

此前各家企业在中国推出智能化汽车时,对自动驾驶的定义总是模棱两可，在两个标准中摘取对自己更为有利的内容进行宣传，久而久之就逐渐出现了夸大事实，甚至虚假宣传的问题。为了自动驾驶汽车能在我国更好的发展，国家标准的出台变得尤为紧迫。进入“十四五”，我国汽车的智能化发展才算是真正步入正轨。

《中国制造 2025》战略中有关汽车发展的四个方向和我们现在提到的汽车“新四化（电动化、智能化、网联化、共享化）”有重叠的部分，也有区别。相比而言，《中国制造 2025》战略更符合当时的国情。伴随着我国汽车产业的高速发展，战略中的目标和方向也应当与时俱进，是符合发展规律的。

与世界汽车产业的先进水平相比，我国的汽车制造业依然大而不强，在自主创新能力、资源利用效率、产业结构水平、质量效益等方面差距明显。我国汽车产业转型升级和跨越发展的任务依旧紧迫且艰巨。

在信息化变革中，我们取得了不错的成绩，必须要紧紧抓住这一重大历史机遇，全力保障我国汽车产业的高质量发展，促进我国制造业的由大到强。

事实证明，《中国制造 2025》战略已经取得了阶段性成就，目前我国汽车产业的发展已经受益良多。自主品牌国内的美誉度和国际影响力都在逐步提升，向好的趋势十分明显。我们应该有信心，到 2025 年，我国的汽车工业势必能够迈入汽车强国阵营，我国也必将正式加入制造强国的行列。

19　“十四五”（2021—2025）规划和2035年远景目标里的中国汽车

2021年3月11日，十三届全国人大四次会议表决通过了关于国民经济和社会发展第十四个五年规划和2035年远景目标纲要的决议。

《中华人民共和国国民经济和社会发展第十四个五年规划和2035年远景目标纲要》（简称《纲要》）中明确：“十四五”时期是我国全面建成小康社会、实现第一个百年奋斗目标之后，乘势而上开启全面建设社会主义现代化国家新征程、向第二个百年奋斗目标进军的第一个五年。

《纲要》中指出，“十四五”时期经济社会发展的主要目标是：我国经济发展取得新成效、改革开放迈出新步伐、社会文明程度得到新提高、生态文明建设实现新进步、民生福祉达到新水平、国家治理效能得到新提升。其中每一项都拥有丰富的内涵和具体的指导方向。

《纲要》对我国2035年的展望是：我国将基本实现社会主义现代化。

目前，我国已转向高质量发展阶段，继续发展具有多方面优势和条件。当前和今后一个时期内，我国发展仍然处于重要战略机遇期，但机遇和挑战都有新的发展变化。

具体到汽车行业，《纲要》明确了指导要求。

在“第三篇——加快发展现代产业体系　巩固壮大实体经济根基”部分，《纲要》明确：“坚持把发展经济着力点放在实体经济上，加快推进制造强国、质量强国建设，促进先进制造业和现代服务业深度融合，强化基础设施支撑引领作用，构建实体经济、科技创新、现代金融、人力资源协同发展的现代产业体系。”汽车工业是我国实体经济的重要组成部分和典型代表，在汽车制造业深入实施制造强国战略、质量强国战略具有引领示范作用。《纲要》从宏观角度指明了我国汽车制造在“十四五”时期“由大到强”的发展路径和方向。

在“第八章——深入实施制造强国战略”部分，新能源汽车和智能（网联）汽车被纳入制造业核心竞争力提升八大内容之一。《纲要》指明路径：“突破新能源汽车高安全动力电池、高效驱动电机、简性能动力系统关键技术，加快研发智能（网联）汽车基础技术平台及软硬件系统、线控底盘和智能终端等关键部件。”这是对汽车新四化中电动化、智能化、网联化的具体要求和指导。

在“第九章——发展壮大战略性新兴产业”部分，新能源汽车被纳入战略性新兴产业。《纲要》指出，着眼于抢占未来产业发展先机，培育先导性和支柱性产业，推动战略性新兴产业融合化、集群化、生态化发展，战略性新兴产业增加值占 GDP 比重超过 17%。新能源汽车再次被点名，其将会是我国未来经济社会发展的支柱型产业之一。《纲要》强调：“聚焦新一代信息技术、生物技术、新能源、新材料、高端装备、新能源汽车、绿色环保以及航空航天、海洋装备等战略性新兴产业，加快关键核心技术创新应用，增强要素保障能力，培育壮大产业发展新动能……深入推进国家战略性新兴产业集群发展工程，健全产业集群组织管理和专业化推进机制，建设创新和公共服务综合体，构建一批各具特色、优势互补、结构合理的战略性新兴产业增长引擎。鼓励技术创新和企业兼并重组，防止低水平重复建设。发挥产业投资基金引导作用，加大融资担保和风险补偿力度。”这表明，新能源汽车在“十四五”期间仍将获得各类扶持，仍将是国家重点推进的产业。与此同时，不论是技术创新、体制改革和建设，还是金融支持都将成为助力新能源汽车产业发展的动能。而“十四五”期间，“高质量”发展将会是新能源汽车发展的重中之重。《纲要》也专门要求,"深入实施质量提升行动,推动制造业产品增品种、提品质、创品牌"。这为新能源汽车,特别是自主品牌新能源汽车在我国市场的发展指明了方向。相关企业应该积极创新,增加企业所提供的新能源汽车的种类,创新相关服务模式。与此同时,应当提高产品和服务的品质,强调品牌效应。换言之,就是要以优质的产品和服务树立起优秀的民族汽车品牌。这不仅仅是对新能源汽车的要求,更是立足于中国汽车制造的全产业链,对未来的中国制造提出的规划。

《纲要》第三十九章"第三节——大力发展绿色经济"中提道:"推动城市公交和物流配送车辆电动化。"进一步强调了新能源汽车对城市绿色发展的重要性。未来,新能源汽车在社会发展中将会占据更加重要的地位。

表 19-1 《纲要》中制造业核心竞争力提升的有关内容

专栏 4　制造业核心竞争力提升
01　高端新材料 推动高端稀土功能材料、高品质特殊钢材、高性能合金、高温合金、高纯稀有金属材料、高性能陶瓷、电子玻璃等先进金属和无机非金属材料取得突破,加强碳纤维、芳纶等高性能纤维及其复合材料、生物基和生物医用材料研发应用,加快茂金属聚乙烯等高性能树脂和集成电路用光刻胶等电子高纯材料关键技术突破。
02　重大技术装备 推进CR450高速度等级中国标准动车组、谱系化中国标准地铁列车、高端机床装备、先进工程机械、核电机组关键部件、邮轮、大型LNG船舶和深海油气生产平台等研发应用,推动C919大型客机示范运营和ARJ21支线客机系列化发展。
03　智能制造与机器人技术 重点研制分散式控制系统、可编程逻辑控制器、数据采集和视频监控系统等工业控制装备,突破先进控制器、高精度伺服驱动系统、高性能减速器等智能机器人关键技术。发展增材制造。

续表 19-1

专栏 4　制造业核心竞争力提升
04　航空发动机及燃气轮机 加快先进航空发动机关键材料等技术研发验证，推进民用大涵道比涡扇发动机CJ1000产品研制，突破宽体客机发动机关键技术，实现先进民用涡轴发动机产业化。建设上海重型燃气轮机试验电站。
05　北斗产业化应用 突破通信导航一体化融合等技术，建设北斗应用产业创新平台，在通信、金融、能源、民航等行业开展典型示范，推动北斗在车载导航、智能手机、穿戴设备等消费领域市场化规模化应用。
06　新能源汽车和智能（网联）汽车 突破新能源汽车高安全动力电池、高效驱动电机、高性能动力系统等关键技术，加快研发智能（网联）汽车基础技术平台及软硬件系统、线控底盘和智能终端等关键部件。
07　高端医疗装备和创新药 突破腔镜手术机器人、体外膜肺氧合机等核心技术，研制高端影像、放射治疗等大型医疗设备及关键零部件。发展脑起搏器、全降解血管支架等植入介入产品，推动康复辅助器具提质升级。研发重大传染性疾病所需疫苗，开发治疗恶性肿瘤、心脑血管等疾病特效药。加强中医药关键技术装备研发。
08　农业机械装备 开发智能型大马力拖拉机、精量（免耕）播种机、喷杆喷雾机、开沟施肥机、高效联合收割机、果蔬采收机、甘蔗收获机、采棉机等先进适用农业机械，发展丘陵山区农业生产高效专用农机。推动先进粮油加工装备研发和产业化。研发绿色智能养殖饲喂、环控、采集、粪污利用等装备。研发造林种草等机械装备。

除以上这些《纲要》中的内容是和汽车关系密切之外，还有部分内容也对汽车产业在“十四五”时期或未来更长时期的发展提出了要求，并提供了方向。

《纲要》第九章“第二节——前瞻谋划未来产业”中指出：“在类脑智能、量子信息、基因技术、未来网络、深海空天开发、氢能与储能等前沿科技和产业变革领域，组织实施未来产业孵化与加速计划，谋划布局一批未来产业。”其中的“氢能与储能”作为重要的前沿科技之一，正在影响着我国汽车产业的发展和走向。

2019年，发展氢能源第一次被写入《政府工作报告》（简称《报告》）。《报告》中提道：“推动充电、加氢等设施建设。”这表明国家已经认可了氢能源的未来并愿意大力发展。而在更早的2016年，《“十三五”国家科技创新规划》中也写入了发展氢能燃料电池技术。

我国在氢燃料汽车的技术储备方面比国外起步晚，目前正在迎头赶上。2021年工信部发布的《道路机动车辆生产企业及产品公告》（第343批）中，有14款氢燃料电池卡车、客车或底盘上榜。而截至2020年底，我国建成加氢站128座，氢燃料电池汽车累计保有量是7000多辆。相比其他技术路线的新能源汽车来说，氢燃料电池汽车的保有量还不及一款热销车型一个月的上牌量。如果细分到乘用车市场，差别就更大了。

目前，丰田、本田、现代、奔驰等企业的氢燃料电池汽车早已投放市场多年，而我国相关的产品才刚刚申报成功或者开发成功。目前，包括一汽、东风、上汽、长城、长安在内的多家自主汽车企业都在氢燃料电池乘用车领域有所布局。未来，伴随产品的丰富和加氢站规模的进一步加大，加上《纲要》将氢能与储能纳入前沿科技，在战略层面已经给氢燃料汽车的发展创造了良好的条件，氢燃料电池汽车将会是汽车产业中的一匹黑马。

各地已经纷纷出台了有关氢燃料电池汽车产业的规划或计划。北京于2021年4月发布了《北京市氢能产业发展实施方案（2021—2025年）（征求意见稿)》,其中提到,"以冬奥会和冬残奥会重大示范工程为依托,2023年前,培育5～8家具有国际影响力的氢能产业链龙头企业，力争建成37座加氢站，推广燃料电池汽车3000辆","2025年前,培育10～15家具有国际影响力的氢能产业链龙头企业,力争完成新增37座加氢站建设,实现燃料电池汽车累计推广量突破1万辆"。

"碳中和"背景下,"十四五"规划提出"单位国内生产总值能源消耗和二氧化碳排放分别降低13.5%、18%",能源结构转型已经提上日程。氢燃料电池汽车是氢能发展利用的关键抓手，是实现能源转型的关键应用场景。在《纲要》中,氢燃料电池汽车被定义为"前瞻未来产业",明确了技术地位和发展节点。

《纲要》第十一章"第一节——加快建设新型基础设施"中指出:"加快5G网络规模化部署……前瞻布局6G网络技术储备……积极稳妥发展工业互联网和车联网……加快交通、能源、市政等传统基础设施数字化改造……发挥市场主导作用,打通多元化投资渠道,构建新型基础设施标准体系。"车联网是汽车网联化的前提,是汽车实现智能化的基础。除此之外,"车路"协同、智慧交通、数字城市,甚至是未来的全自动驾驶,都必须依赖车联网。与之相关的基建将是新基建的代表和核心,相关标准体系的建设速度将会直接决定产业的发展速度和国际地位。

《纲要》将这一内容纳入其中，印证了汽车网联化和智能化是正确的方向。企业在发展智能(网联)汽车的同时,一定要有全局思考,将汽车的发展与国家新基建紧密结合在一起，为我国2035年基本实现社会主义现代化储备力量。

《纲要》第二十九章"第一节——转变城市发展方式"中强调:"加快推进城市更新,改造提升老旧小区、老旧厂区、老旧街区和城中村等存量片区功能,推进老旧楼宇改造,积极扩建新建停车场、充电桩。"

在新能源汽车向前发展的大道上,始终有一只拦路虎,叫"续航焦虑"。

2020 年，我国公共类充电桩数量为 80.7 万台，私人充电桩数量为 87.4 万台，一共 168.1 万台。而截至“十三五”末，全国的新能源汽车保有量是 492 万辆。如果按照车桩比 1∶1 的目标来看，我国的充电桩建设还需要加大力度。现实中，虽然充电桩的建设速度已经很快，但还是无法满足新能源汽车使用者的需求。充电桩不足是目前间接导致“续航焦虑”的重要原因，也是制约新能源汽车加速发展的重要因素。另外，充电桩分布不均匀也是制约新能源汽车消费的重要因素之一。2015 年开始，各地陆续要求新建小区须有充电桩或预留充电桩接口。相比而言，老旧小区的充电桩建设就麻烦得多，更多地还是依靠车主自己联系或建设。《纲要》明确提出对老旧小区、厂区、街区和城中村进行更新改造时，积极扩建停车场、充电桩。预计未来五年内，充电桩数量不足和分布不均匀的问题将会得到极大改善。扩建停车场也是为了改善用车体验，对促进汽车消费也有积极意义。

在《纲要》中，汽车产业依旧是国家重点关注和支持的产业之一。《纲要》对未来五年的汽车产业发展有非常全面且务实的判断和指导。

比如，汽车的“新四化”和以往有很大不同。在以往的众多文件或行业论坛上，“电动化、智能化、网联化和共享化”都曾被提及，已在行业内得到了广泛认可。《纲要》中强调了“电动化”“智能化”和“网联化”，唯独没有提及“共享化”。而且《纲要》在提及“智能化”和“网联化”时，并没有将二者分离，而是用“智能（网联）”的形式。

现阶段的“共享化”停留在失败的共享汽车和网约车出行两方面。经过多年的尝试已经证明，共享经济热潮下诞生的共享汽车暂时还不具备成功的基础。网约车并不具备“共享”的本质特征，更多还是“公共”属性。不可否认，真正的“共享化”是汽车产业发展的未来，但必须是建立在汽车智能网联水平足够高、基础建设足够完善的基础上的。以现阶段的技术储备和基建水平来看，短期内，包括五年内是很难完全实现的。另外，真正的共享化将使产业结构完全重构，汽车制造业完全蜕变为出行服务业。这样的蜕变是革命性的，对全球经济都会有巨大的影响。也因此，汽车共享化还需要长时间的探索和论证。

智能化和网联化在现阶段的确可以有边界，一个是侧重安全属性的无人驾驶，另一个是侧重娱乐和服务属性的车机互联。业内早有观点：网联化是智能化的一部分，不应该分开，《纲要》似乎更赞成这一观点。汽车企业需要直面汽车智能化，而非借助“网联化”营造噱头。

我国已进入新发展阶段，发展基础更加坚实，同时，发展条件发生了深刻变化，进一步发展面临新的机遇和挑战。汽车作为我国重要的支柱产业，全行业都应该按照《纲要》所要求的，统筹中华民族伟大复兴战略全局和世界百年未有之大变局，深刻认识我国社会主要矛盾变化带来的新特征新要求，深刻认识错综复杂的国际环境带来的新矛盾新挑战，善于在危机中育先机、于变局中开新局，抓住机遇，应对挑战，力争顺利完成“十四五”规划的目标任务，为我国2035年基本实现社会主义现代化积蓄力量。

20　红色引擎驱动汽车强国梦

在历史的长河中循迹汽车的发展，我们会发现，汽车产业拥有一个庞大而复杂的体系。小可关乎个人三餐，大可关乎国家发展——这样的形容一点也不夸张。汽车产业关联民生，也关联军备，决定经济发展质量，也决定经济发展速度。因此，汽车产业是全球最重要的产业之一，汽车工业是否强大成为衡量一个国家是否强大的重要参考。

发展汽车工业是我国长久以来矢志不渝的梦想，新中国成立之后，它顺其自然地融入了中华民族伟大复兴的中国梦。

中国梦是以习近平同志为核心的党中央，总结中华民族的昨天、立足中华民族的今天、着眼中华民族的明天提出的重大战略思想。中国共产党从一诞生就肩负起了实现中华民族伟大复兴的庄严使命。没有正确的道路，再美好的愿景、再伟大的梦想，都不能实现。多年以来，特别是改革开放以来，中国共产党团结带领全国各族人民，把马克思主义基本原理同中国实际和时代特征结合起来，总结历史经验，不断艰辛探索，终于找到了实现中华民族伟大复兴的正确道路，这条道路就是中国特色社会主义。

实践已经证明并将继续证明：办好中国的事情，关键在党。伟大的中国梦，只有在中国共产党的领导下才能够实现。我国汽车工业正是在中国共产党的领导下不断发展壮大的，换句话说，中国共产党的领导就是驱动我国汽车工业向前发展的红色引擎。

通过一组大事记和对应时期我国汽车工业发展重心的关联对比，可以更加充分地证明这一结论。

新中国成立之初，利用工业化手段制造出我们自己的汽车是重中之重。

1953 年 6 月 9 日，毛泽东代表党中央签发了《中共中央关于力争三年建设长春汽车厂的指示》，明确了“一五”时期发展我国汽车的重中之重就是尽快让一汽建成投产。正是在党中央的明确支持下，一汽得以如期投产，解决了我国不能生产汽车的燃眉之急。

“二五”时期，为摆脱对苏联的依赖，我国需要尽快拥有可以独立大规模生产更多类型汽车的能力。再加上自然灾害和“大跃进”带来的经济困难，摆脱困境成了重中之重。

1960 年 9 月，党中央提出了国民经济“调整、巩固、充实、提高”的八字方针，“二五”计划进入调整时期。

1963 年 9 月，党中央决定，从 1963 年起再用三年时间继续调整。三年继续调整的后期，我国经济建设的战略重点发生了向战备倾斜的重大转变。

对“三五”“四五”“五五”时期的中国来说，完成三线建设目标，利用汽车装备加强国防就是中国的汽车梦。长达 15 年的时间里，我国的经济发展遭遇了来自多个领域的阻碍，党中央多次进行调整，在不断的摸索中确定了正确的发展方向。

1965 年 2 月 26 日，中共中央、国务院发布《关于西南三线建设体制问题的决定》，决定成立西南三线建设委员会，以加强对整个西南三线建设的领导。三线建设是在当时国际局势日趋紧张的情况下，为加强战备，逐步改变我国生产力布局的一次由东向西转移的战略大调整。

1973 年，中共中央两次修改“四五”计划的高指标，逐步调整了以战备为中心的战略，开始强调经济效益，注意沿海和“三线”地区并重，大规模的“三线”建设进入收尾阶段。经过 1975 年邓小平主持的整顿工作，“四五”计划得到了基本完成。

“六五”时期，对外开放成了发展我国汽车工业的必由之路。1978 年 12

月，中共十一届三中全会明确提出了大力发展中国对外经济关系，实行对外开放政策，要求“在自力更生的基础上积极发展同世界各国平等互利的经济合作，努力采用世界先进技术和先进设备”。

1979 年 4 月 5 日—28 日，中共中央在北京召开工作会议，提出了“调整、改革、整顿、提高”的方针，国民经济建设进入调整阶段。

“七五”时期，提高国产化率是发展我国汽车工业的一大难题，规范汽车市场秩序也是不能回避的重要问题。

1988 年 9 月，中共十三届三中全会的报告指出：总需求超过总供给是多年积累下来的，在新旧体制转换时期才可能从体制上解决这个问题，这就更需要从工作上加强管理和控制。全会决定了“治理经济环境、整顿经济秩序、全面深化改革”的指导方针、政策和措施。

“八五”时期，发展我国汽车工业的核心就是打破“缺重少轻无轿车”的困局。

1992 年 10 月 12 日，中国共产党第十四次全国代表大会上的报告中提出：振兴汽车制造业，使它成为国民经济的支柱产业。中国汽车工业迈入由小到大的跨越发展时期。

“九五”时期，我国汽车工业的发展要进一步自主化，要能自主设计开发汽车才是出路。

1999 年 8 月 20 日，中共中央、国务院作出《关于加强技术创新，发展高科技，实现产业化的决定》。23 日至 26 日，中共中央、国务院召开全国技术创新大会。

“十五”时期，私人能购买一台汽车成了越来越多老百姓的梦想，民营企业造车的愿望也越来越迫切。

2005 年 2 月 19 日，国务院印发《关于鼓励支持和引导个体私营等非公有制经济发展的若干意见》。

“十一五”时期，买车的人越来越多，需求也在不断的升级，我国市场越来越期待自主汽车的崛起。

2006 年 1 月 26 日，中共中央、国务院作出《关于实施科技规划纲要增强自主创新能力的决定》，提出增强自主创新能力，努力建设创新型国家。

2009 年起，我国汽车产销数据常年全球第一，已经成为名副其实的汽车工业大国，汽车工业由大到强成了下一步的发展重心。“十二五”时期，“复兴”成为主旋律。

2012 年 11 月 29 日，习近平在国家博物馆参观《复兴之路》展览时指出，实现中华民族伟大复兴，就是中华民族近代以来最伟大的梦想。

2015 年 3 月 13 日，中共中央、国务院印发《关于深化体制机制改革加快实施创新驱动发展战略的若干意见》。2016 年 1 月 18 日，中共中央、国务院印发《国家创新驱动发展战略纲要》。

“十三五”时期，解决大而不强，提升国产汽车的国际影响力成了发展我国汽车工业的新的历史任务……

2017 年 10 月 18 日，习近平在党的十九大报告中正式提出，推动陆海内外联动、东西双向互济的全面开放新格局，强调中国坚持对外开放的基本国策，坚持打开国门搞建设，积极推进“一带一路”国际合作，努力实现政策沟通、设施联通、贸易畅通、资金融通、民心相通，打造国际合作新平台，增添共同发展新动力。中国支持多边贸易体制，促进自由贸易区建设，推动建设开放型世界经济。

2020 年 4 月 10 日，习近平在中央财经委员会第七次会议上提出，要构建以国内大循环为主体、国内国际双循环相互促进的新发展格局。

任何的历史事件都具有不可逆转性，发生过的事情都无法被改写。许多事件之间的关联性看似是偶然，实则是必然。我国汽车工业的发展正是依靠着中国共产党的领导，才能一步一个脚印地发展至今。

通过表 20-1 列出的数据，我们可以观察到我国汽车工业在红色引擎的驱动下，得到了翻天覆地的变化。1978 年，我国的民用汽车保有量是 135.84

万辆，是1948年的近20倍。同样是30年的时间差，2008年的这一数据是5099.61万辆，又翻了37.5倍。如果说，以保有量作为累计数据不具备充分的说服力，那么，年产量数据应该能很好佐证我国汽车工业的强大了。1978年，我国的汽车产量是14.91万辆，而1948年的数据是“0”，1958年的年产量是1.6万辆，20年的时间里增长了9.3倍。2008年，我国汽车年产量数据是934.51万辆，是1978年的62.7倍。

表20-1 部分年份的数据对比①

年份	1948年	1978年	2008年	2020年
民用汽车保有量(万辆)	6.9159	135.84	5099.61	28100
汽车产量(万辆)	0	14.91	934.51	2522.5

和汽车工业发展相匹配的是我国人民生活水平的显著提高，以及与汽车相关的基础建设越来越完善，汽车工业的发展也因此获益。良性循环让汽车产业发展越来越好。

比如公路建设，我国的公路里程逐年递增，意味着汽车的抵达半径越来越大，出行品质也不断提升(表20-2)。自1988年第一条高速公路通车以来，我国高速公路里程数稳步提升。目前，高速公路不光穿越了大别山区，还延伸到了青藏高原。最长的一条是连霍高速(连云港—霍尔果斯)，全长达4280 km(表20-3)。

① 数据来源于国家统计局。

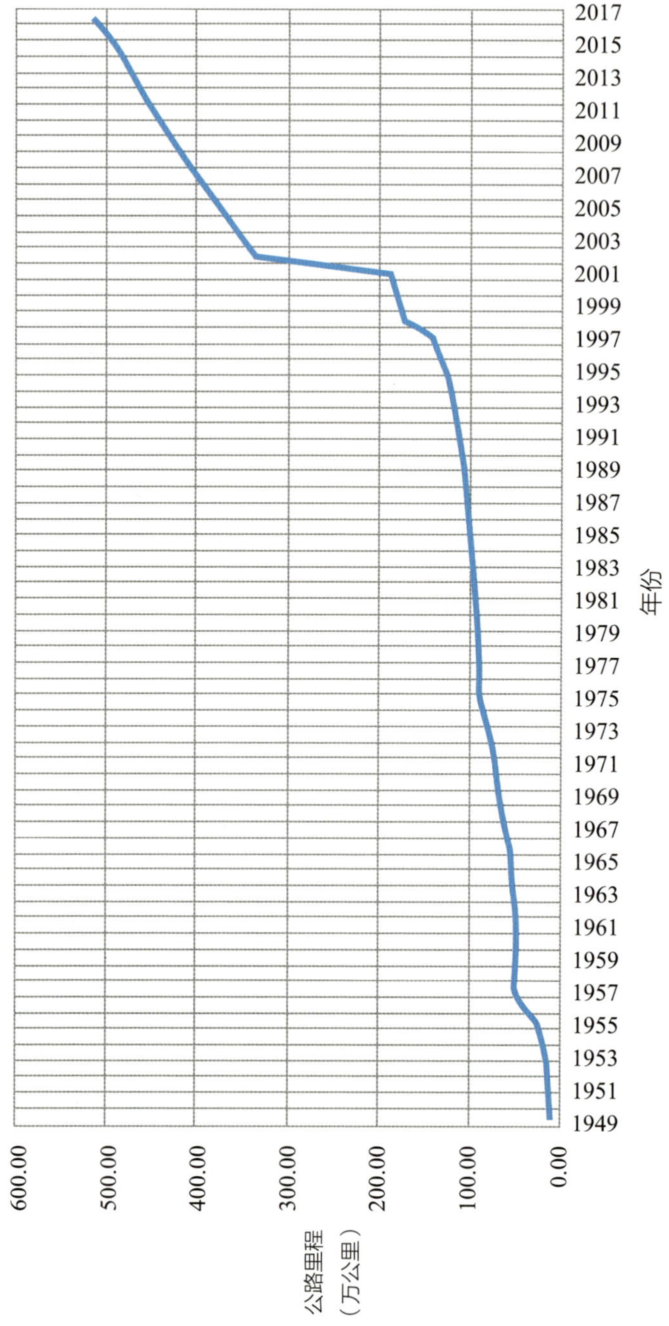

全国历年公路里程数据（1949—2017）（隔年）[①]

① 数据来源于国家统计局。

表 20-2　全国历年公路里程数据（1949—2020）

时间（年）	里程（万公里）	时间（年）	里程（万公里）
1949	8.07	1950	9.96
1951	11.44	1952	12.67
1953	13.71	1954	14.61
1955	16.73	1956	22.63
1957	25.46	1958	42.18
1959	50.79	1960	51.00
1961	47.70	1962	46.35
1963	47.51	1964	47.92
1965	51.45	1966	54.36
1967	55.75	1968	57.17
1969	60.06	1970	63.67
1971	67.54	1972	69.99
1973	71.56	1974	73.79
1975	78.36	1976	82.34
1977	85.56	1978	89.02
1979	87.58	1980	88.83
1981	89.75	1982	90.70
1983	91.51	1984	92.67
1985	94.24	1986	96.28
1987	98.22	1988	99.96
1989	101.43	1990	102.83
1991	104.11	1992	105.67
1993	108.35	1994	111.78

续表 20-2

时间（年）	里程（万公里）	时间（年）	里程（万公里）
1995	115.70	1996	118.58
1997	122.64	1998	127.85
1999	135.17	2000	140.27
2001	169.80	2002	176.52
2003	180.98	2004	187.07
2005	334.52	2006	345.70
2007	358.37	2008	373.02
2009	386.08	2010	400.82
2011	410.64	2012	423.75
2013	435.62	2014	446.39
2015	457.73	2016	469.63
2017	477.35	2018	484.65
2019	501.25	2020	513.57

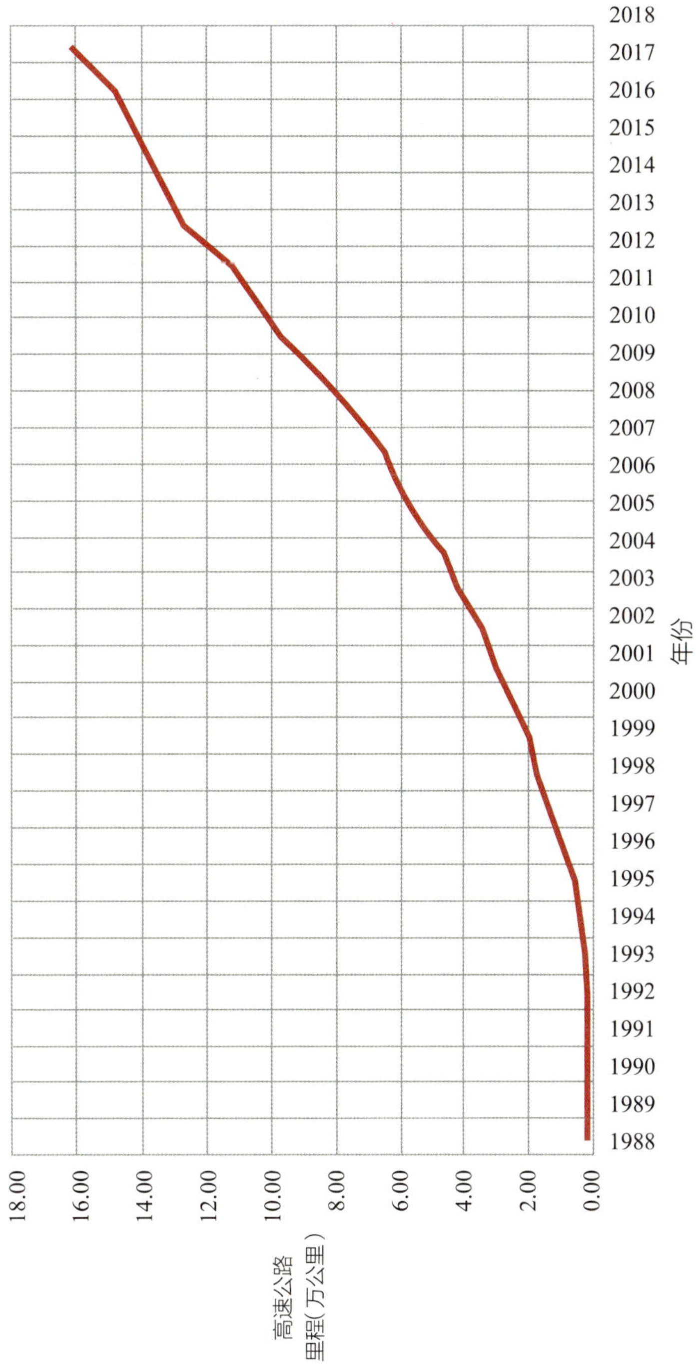

全国历年高速公路里程数据（1988—2018）

表 20-3　全国历年高速公路里程（1988—2020）[①]

时间（年）	里程（万公里）	时间（年）	里程（万公里）
1988	0.01	1989	0.03
1990	0.05	1991	0.06
1992	0.07	1993	0.11
1994	0.16	1995	0.21
1996	0.34	1997	0.48
1998	0.87	1999	1.16
2000	1.63	2001	1.94
2002	2.51	2003	2.97
2004	3.43	2005	4.10
2006	4.53	2007	5.39
2008	6.03	2009	6.51
2010	7.41	2011	8.49
2012	9.62	2013	10.44
2014	11.19	2015	12.54
2016	13.10	2017	13.65
2018	14.26	2019	14.96
2020	16.10		

我国的汽车工业经历了从无到有、从小到大的发展历程，如今已经迈入从大到强的新征程，汽车强国梦就是当前阶段中国梦的具体体现。在过去的72年里，正是中国共产党这一伟大的红色引擎一直驱动着我国的汽车工业和国家建设坚定地向前发展，并且已经成功地带领全国人民实现了第一个百年奋斗目标。在未来的时光里，这颗红色引擎也一定会带领中国人民如期实现第二个百年奋斗目标。相信到那时，我们的汽车强国梦早已实现。

① 数据来源于国家统计局。

附　表

中国历年汽车产量及分类型产量数据（1955—2020）

年份	汽车总产量(辆)	载货汽车(辆)	越野汽车(辆)	客车(辆)	轿车(辆)
1955 年	61	61	—	—	—
1956 年	1654	1654	—	—	—
1957 年	7904	7904	—	—	—
1958 年	16000	15835	108	—	57
1959 年	19601	18938	562	—	101
1960 年	22574	21294	1182	—	98
1961 年	3589	3469	411	—	5
1962 年	9740	9160	569	—	11
1963 年	20579	20500	68	—	11
1964 年	28062	27542	419	—	100
1965 年	40542	38054	2308	—	133
1966 年	55861	48478	7074	—	302
1967 年	20381	16996	3075	—	144
1968 年	25100	19076	5125	—	279
1969 年	53100	40616	11989	—	163
1970 年	87166	65686	19621	—	196
1971 年	111022	83616	26082	—	562
1972 年	108227	82102	24742	—	661
1973 年	116193	88070	25946	—	1130
1974 年	104771	76054	26166	—	1508
1975 年	139800	105103	30791	—	1918
1976 年	135200	102849	27352	—	2611
1977 年	125400	99460	21842	—	2330
1978 年	149062	125073	19382	—	2640
1979 年	185700	154086	24355	—	4152
1980 年	222288	183853	28034	—	5418

续附表

年份	汽车总产量(辆)	载货汽车(辆)	越野汽车(辆)	客车(辆)	轿车(辆)
1981 年	175645	148247	19536	—	3428
1982 年	196304	164330	18883	—	4030
1983 年	239886	137100	22510	6211	6046
1984 年	316367	179846	21588	6990	6010
1985 年	443377	236934	25173	11897	5207
1986 年	363786	218863	23739	9189	12297
1987 年	472538	299356	27781	20461	20865
1988 年	646051	364000	36384	50922	36798
1989 年	586936	342835	48934	47639	28820
1990 年	509242	269098	44719	23148	42409
1991 年	708820	452023	—	175742	81055
1992 年	1061712	626414	—	272582	162725
1993 年	1296778	774868	—	292213	229697
1994 年	1353368	785876	—	317159	250333
1995 年	1452737	721822	—	405454	325461
1996 年	1474905	688614	—	395192	391099
1997 年	1582628	659318	—	435615	487695
1998 年	1627829	661701	—	459025	507103
1999 年	1831596	756312	—	509179	566105
2000 年	2068186	751699	—	709042	608445
2001 年	2341528	803076	—	834927	703525
2002 年	3253655	1092546	—	1068347	1092762
2003 年	4443491	1228157	—	1177469	2037865
2004 年	5070452	1514869	—	1243022	2312561
2005 年	5707688	1509893	—	1430073	2767722

续附表

年份	汽车总产量(辆)	载货汽车(辆)	越野汽车(辆)	客车(辆)	轿车(辆)
2006年	7279726	1752973	—	1657259	3869494
2007年	8882456	2157335	—	1927433	4797688
2008年	9345101	2074893	—	2232874	5037334
2009年	13790994	3049170	—	3270630	7471194
2010年	18264667	3920363	—	4768414	9575800
2011年	18418876	2898046	—	4746156	10137517
2012年	19271808	3241730		5262698	10767380
2013年	22116800	—	3033465	—	12104000
2014年	23725000	—	4166507	—	12483000
2015年	24504000	—	6024000	—	11630000
2016年	28119000	—	9144000	—	12111000
2017年	29018000	—	10047000	—	11945000
2018年	27819000	—	9274000	—	11601000
2019年	25528000	—	8760000	—	10182000
2020年	25325000	—	9050000	—	9239000

注:1.整车数不含改装车;
2.1982年及以前客车产量数欠缺;
3.1955—1990年轿车产量中含切诺基、BJ2021;
4.整车产量中不含底盘数;
5.1991—2012年数据来源于中国汽车工业协会,其中载货车产量包括普通载货车、载货车非完整车辆、半挂牵引车,客车产量包括客车、客车非完整车辆、交叉型乘用车、SUV、MPV,轿车产量指基本型乘用车;
6.2013—2020年数据来源于国家统计局全国年度统计公报,越野汽车一栏数据指SUV;
7.2013年后的部分数据未精确到个位。

后　记

2021年是"党和国家历史上具有里程碑意义的一年"。这一年，我们隆重庆祝党的百年华诞，如期实现了第一个百年奋斗目标，在中华大地上全面建成了小康社会；这一年，我们沉着应对世界百年未有之大变局和世纪疫情，构建新发展格局迈出新步伐，高质量发展取得新成效，"十四五"开局态势良好。

作为工业生产的集大成者，汽车工业的发展状况最能代表一个国家工业制造水平的高低。从新中国成立至今的70多年来，中国的汽车人励精图治，在探索中前行，创造了诸多奇迹，从最初的国有独资到合资合作，再到民营独资的汽车企业蓬勃发展，中国汽车一步一步迈向国际舞台。2009年中国汽车产销量首次超过美国，中国成为世界第一汽车产销大国。这一系列奇迹彰显的是中国汽车工业领先世界的勇气与自信。站在新时代的肩膀上，伴随着大国崛起的步伐，承载着民族复兴的梦想，中国人书写了70多年的"汽车强国梦"，正由理想照进现实。

在中国汽车工业的发展历程中，党和国家决定性的战略决策，肩负民族汽车工业重任的车企和品牌，激荡人心的一代代汽车人的事迹，尤其值得浓墨重书。回首70多年中国汽车工业发展的历程中，党和国家有哪些重大战略部署和政策引导？中国的汽车企业如何一步一步从小到大、由弱变强？在给上述问题寻找答案的过程中，我们深深地感到，中国汽车工业正是有了中国共产党的领导这一“红色引擎”，才能不畏险阻、赶超欧美、勇立潮头。

本书通过中国汽车工业这个切入点，充分展现了在党和政府的正确领导下，中国汽车工业艰苦奋斗、自强不息、开拓创新，实现了汽车强国梦这一伟大壮举的光辉历程，歌颂了中国共产党通过发展汽车工业，实现国力强盛、人民幸福的丰功伟绩。这一选题得到了湖北省委宣传部的高度评价，将其评选为“庆祝中国共产党成立100周年”的主题出版专项资助项目。

在本书的撰稿过程中，武汉理工大学汽车校友会王太平老师对本书的框架结构和编写思路给予了具体的指导，一汽集团、上汽集团、东风汽车股份有限公司、北汽福田股份有限公司、湖北三环汽车、上汽通用五菱、广西汽车集团、长安福特、宇通客车、招商车研等汽车企业和科研院所（排名不分先后）提供了宝贵的数据和资料，使本书的内容更加翔实，在此致以诚挚谢意！

谨以此书礼献建党100周年，致敬我们伟大的祖国！